新装版

澤木興道

生きる力としてのZen

櫛谷宗則 編

大法輪閣

目次

澤木興道
生きる力としての
Zen

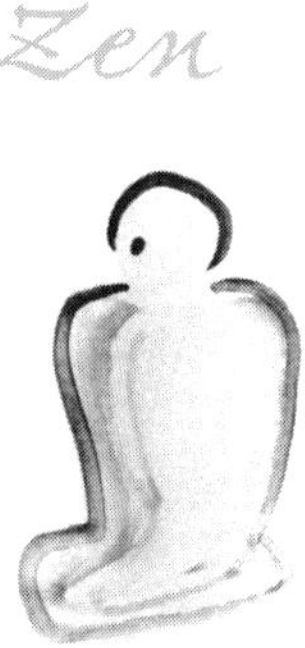

Ⅰ 自己《いき》る

Ⅱ 変身する

Ⅲ　観る

Ⅳ　宇宙する

Ⅴ 拓く

装丁……山本　太郎

I

自己《いき》る

自己《いき》る

自己を発明する　生活を創造する

アイツが立派でコイツは駄目、そんなことが言えるか。それはみな個々壁立万仭《ここへきりゅうばんじん》、めいめいそれがそれで、これがこれである。

＊

意気地《いくじ》なしで人からバカにされる？　自己をつかめばよい。めいめいの特長ある処を、自分でしっかりつかめばよい。自己は自己という処ににゅうっと立つ。ここに安住するのである。

＊

お化粧というものは――自分の地顔を殺してよその人の顔に似せたところで、それでは作りもののお化けにしか見えない。お化粧の極意は地顔をよく呑み込んで、地顔のままをはっきり浮き出すことじゃ。学者は学者でええ、無学者は無学者でええ、この身命を無駄に使わないで、こいつを本当に生かして使う。

＊

われわれは自分自身を悟ることによって、自分自身を本当に生かし得るのである。しかもそいつがまた停滞しているものではない。毎日動いている。

＊

変わりづめの自己、そのときそのときが完全である。これが絵に描いたようなものであればよいけれども、水に映った月である。動きづめで瞬間ぎりしかない真実である。それで取りそこないがちである。その瞬間が一遍ポッキリの我らの人生、絶体絶命、今日ぎりの一遍ポッキリ。その瞬間を取りそこなったら、一生のお終《しま》いである。澤木さんの一言一句がことごとく零になってしまうではないか。

＊

参禅を五年や十年やっても何にもならん。道は日々新しく求めなければいけない。

＊

仏道というものは自己の問題にすると毎日変わる。永遠に変わらん道を今この場合にどういくか。刹那《せつな》刹那に新しく悟り、刹那刹那に新しく行じなければならん。

＊

明日まで生きるかどうか分からぬ。昨日はどこへ行ったか分からぬ。今日本当のことをやる。骨身に応えて足大地を踏まなければならぬ。

＊

仏道というものは人の真似の尽きた処である。これは人から習うものじゃない、自己に向かって工夫するものである。ご安心《あんじん》も人の真似せんならんことはない、悟りも人の通りやらんならんことはない。ここはここぎり、今は今ぎり。師匠の悟りを借りて来てもしようがない。仏からの貰いもので日暮らしをするのではない、自分自身のものである。仏道修行ということは自己の生き方を発明すること、自己の生活を創造することである。

＊

今日の既成宗教というものは有難いことを言葉で唱えておるものである。覚えたことで役に立たぬことにしてしまう。ソラで覚えソラで知っておるけれども自分のものではない。

＊

聞法《もんぼう》ということはポンプの迎え水じゃ。凡夫《ぼんぶ》という接続の悪いポンプに入れてグシャンクスンとやると具合がよくなって、その迎え水はみな出てしまうが井戸の底から水が出てくる。それは師匠の水やら仏の水ではない、自分の井戸の底から出てくる。

＊

めいめいの自己の自性《じしょう》を発揮することが、すなわち仏道である。

＊

澤木がお釈迦さんの面をつけたらおかしなものである。澤木が一歩もゆずらぬ。釈迦にも弥勒《みろく》にもゆずることはできない。この澤木店は観音、釈迦でもできぬという澤木店でなければならん。自分にそんなものがあったのか、オオここにあったと気がついたら人に厄《やっ》介《かい》をかけぬ。昔から自分でちゃんと持っておった。これこそ自分の一番大事なものである。

＊

人間の値打ちは銭《ぜに》の取り高の多い少ないによって決まるものじゃない。そうすれば結局どうするのが本当なのか。真の自己を見出さねばならん。この欲求の起こるのが人間の最高の幸福である。つまり自己に親しむ、これより他にはないのじゃ。

＊

達磨門下というものは、人から習うことやお稽古することではない。この五体が元である。浮《うわ》ついた処はないか、覚えごとになりはせんか、よくよく反省して本当に自分の内々の足場をグッと踏みしめるのが、幸福であり成仏である。

＊

修行の目的とは何か——毎日が初めてというこの限りない人生に、仏祖の教えによって自己を発明する。この無限に限りはない。そこにおいて前例のない自己を発明するのが工夫である。これは習うたことでもなければ、憶えたことでもいかん。つまり新発明。自己の創造、自己の生活態度の創造でなければならん。

澤木は澤木になるだけでいいのじゃ

私が金持ちになったところで話にならん。貧乏しておるから値打ちがある。これが澤木さんの個性にピッタリ合っている。そういう自己を殺さぬことである。自己を悟ることである。

＊

私は頭もよくないし、貧乏であるし、親なしであるしといった具合で、世間一般の不幸の条件は完全にそろっている。だから私は最も不幸な人間でなければならぬわけであるが、とにかく一生私くらい幸福な者はないと思うて暮らしてきている。これはまことに有難いことである。

＊

まだ永平寺の小僧にもならぬ頃、一人薄暗い本堂のなかで威儀を正して坐禅しておる私の姿を見て、いつも私をこき使っていた飯炊きの婆さんがびっくりし、思わずべったり座って合掌し、仏さまより丁寧に拝んだ。これが私の一生を支配しておる。これが私に坐禅は一生修すべきものであるということを教えてくれた。ハハア、坐禅には無条件に婆さんを拝ませるものがひそんでいるに違いない。何かしら坐禅には、それほどの尊い処がある不思議なものじゃと。それによって一生涯、他のことはともかく坐禅だけはするものじゃというので坐禅一本立ちになった。私は袈裟《けさ》をかけて坐禅するということが何よりも有難い。

＊

私は一生かかって高い真理を説くよりも、深いことを考えるよりも、仏祖の教えによって真っ先に坐ることであると考えた。十八歳のときに、私の最も尊いことは一生坐禅することだと決定《けつじょう》できた。

＊

これがオレの人生だと思うなら命がけでやったらよい。人を誘う必要はない。それは人真似ではなく、自己の生活の創造でなければならぬ。

＊

坐禅一色でこれより他に衲《わし》の行く道はないのじゃ。そうして人をねたむ必要もなければ、人を侮《あなど》る必要もない。誰を見ても、衲はその人みたいになりとうはない。どんな偉い人を見ても総理大臣を見ても、何ともない。澤木は澤木になるだけでいいのじゃ、そう決まっておるのじゃ。

＊

自分はもう一生、ものを欲しがらぬ。頭を下げて人にものをくれとは言わぬ。あるいはまた人の欲しがるものは惜しがらぬ。食わしてくれれば食う、食えねば食わぬ。生きられるだけ生きる、死なんならんときは死ぬと、心がハッキリ決まった。このとき広々とした天空を仰いだような、何の引っかかりもない人生がそこに展開した。これほどの喜びはなかった。

＊

衲《わし》には帰る処がありはせぬ。その代わりどこでもここが故郷じゃ。よその家の厄介になっておると思うておりはせぬ。どこの寺へ招かれていっても、自分の寺のつもりで暮らす。だから気楽じゃ、他人行儀じゃない。一歩一歩が、みなこれ故郷である。一歩一歩が、これ[2]尽十方《じんじっぽう》世界なんじゃ。行く処も戻る処もない、逃げる処も追う処もない。

＊

われわれの本来というものは、何にも不足はない。それこそ「自心円満即是仏」（桃水和尚）であるから、自分自身に信じきって満足しさえすれば、それが成仏《じょうぶつ》というものである。したがって凡夫を疎《うと》んじ仏に親しむような値ぶみをしてはいけない。相場のあるのは凡夫の世界のことで、仏の世界にはない。

＊

本当に身について坐れるようになるまでが、衲の長い間の流転輪廻であった。そして坐禅で落ち着けて、ああよかった何たる好因縁であったろうかと、ただ坐禅を喜ぶだけである。そしてただ一生坐禅のために食いもする、薬も飲む、生活の全力が坐禅のためである。衲はただこの坐禅をするためだけに一生を周囲界隈の人から、そら飯を食え、そら着物を着ろ、そら風呂に入れと助けてもらい盛りたててもろうたと考えておる。

＊

何か覚えはないけれど因縁がある。原因なしに結果があるわけはない。それで一生涯坐禅より他のことは何も知らぬ。袈裟をかけて坐禅するというだけより知らぬ。澤木という坊主は、まあこれよりしようがないという、できることをしておる。これが行く処へ行ったのである。

＊

衲の一生が貧乏に生まれて有難い、親が亡くなったのも有難い、家を飛び出し永平寺に行って見たり聞いたりしたこともみな有難い。そうして今日、衲が道のために働くべく、これは日に向かって花が咲くように、衲は有難い因縁を受けた。

おへチャのままがおへチャ仏　美人のままで美人仏

人の持った幸福に自分があやかろうと思って、私はあんたのようにありたいと言う。人の幸福は自分の幸福ではない。自分の幸福というものは自分で発明しなければならぬものである。

＊

紀元前のローマ人の言葉に「人間は自分の幸福の鍛工者《たんこうしゃ》となり得る」というのがある。人間は自分の能力で自分の幸福を自分で開拓し、自分で鍛練し、自分で築き上げて、本当に自分の幸福をいつも失わないということが必要である。

＊

自分の運命はどの運命でも、誰でも、どこでも、いつでも、自分でやらなければならん。人からどうするわけにもいかん。

＊

「自分には仏性《ぶっしょう》はない、オレは仏にならん、仏と自分とはかけ離れておる」という概念を持っておる者が、三宝（仏・法・僧）を誹《そし》る。それは自己を冒瀆すること。「私は凡夫じゃ、凡夫じゃ」と言いながら、その凡夫ばかりを後生大事に憂えている。

＊

めいめい自分が自分の役割、自分の位置を冒瀆しない。そこにキッと足を地につける。それが三昧《ざんまい》であり、天上天下唯我独尊《てんじょうてんがゆいがどくそん》。庭を掃くときは庭掃き、便所の掃除は便所掃除という天上天下唯我独尊。その仕事をするのはお前一人しかない。他の世界はない。自分の世界ぎりしかない。

＊

みな人間に等級がつくもんのように思うている。そんなもんじゃない。オレはどこまで行っても全体オレである。各自にその自分のありぎりを発揮する。それが仏である。人との関係を離れた世界から考え直せば、どんなのがいいか定まっていない。おへチャはおへチャでおへチャ仏、美人は美人で美人仏、あれも善し、これも良し。

＊

大勢が手をたたくと自分も手をたたく、笑うと自分もアハハと笑う。そういう生き方をやめて、ドッシリと地についた本当の自己をして覚醒せしめ「これがオレがのじゃ」というものを持っているのが、行き着く処まで行き着いた生活である。

＊

なにも予科練に入ったときから天晴《あっぱ》れ将校になるとか何とか。そんなことは誇大妄想で、三等水兵は日本一の三等水兵になる、それで満点じゃ。理想的な三等水兵になるというのが、最高の目的であらねばならん。

＊

重役は重役で完全、平社員は平社員で完全、各々の者が自己に向かってこの完全を見出す、それを成仏という。

＊

「犀《さい》の角《つの》のように、ただ独り歩め」（スッタニパータ）
この独りというのは非常に深甚《じんじん》な意味で、人と比べないことである。

＊

人間の心というものは一人きりになればなるほど、することがなくなればなるほど、カニが泡を吹くようにいつも何かブスブスブスといぶっているものである。人間は自分のことなら自分きりでよさそうであるのに、他人に認めてもらえないと自信をなくして自分を卑下してしまうものである。だから自分が自分に成りきっていくということは容易なことではない。正しい理念、正しい信念をもって、ブクブクブクとカニが泡を吹いてくすぶっているような、相手のない真っ只中で坐禅することができて初めて真実が現成《げんじょう》するのだ。

親父でも子供でも妻君でも、だますのはわけはない。ところがだますことのできぬのが自分である。この自分を自分でだまさずに、自分が自分にだまされぬのが深山である。人の見ておらぬ独りの世界で、自分をしっかり握りしめていく。

＊

坐禅は自身の照なり。自分自身に明るくなる、明るく照らす。

＊

「祇管《しかん》おのれ」というものをつかむのが坐禅である。おのれに成りきる。だから坐禅は何かのためにするものではない。ただ坐るものである。しかもそれが宇宙いっぱいのものである。

＊

眼は眼で眼しておる。耳は耳で耳しておる。作りもののない世界におるならば立居振舞、従来みなこれ無作《むさ》の三昧《ざんまい》である。耳で聞く声も三昧であるし、鼻でかぐ匂いも三昧であるし、舌で味わう味覚も、触覚もすべてこれ三昧である。三昧ということは自性《じしょう》清浄《しょうじょう》ということだ。

＊

無我なら芝居の役割と同じこと、何でもええ。その割り当てられた役で自己を発明する。その割り当てられた役目を分別なく妄想《もうぞう》なく、ただそれに成りきる。堂頭《どうちょう》は堂頭に成りきる、小僧は小僧に成りきる。これを自己に親しむという。

＊

一切法を徹底的に見てみると、逃げるものもなければ追うものもない。如何《いかん》如何と追い詰められて、雪隠《せっちん》詰《づ》めに会うたら、どこにも行く処はない。自己ぎり、今ぎり、ここぎり。刹那《せつな》の完全であり、誰でも今すぐその踏みしめている処で十方世界を尽くさねばならぬ。

＊

どこの世界に居ても、自分の居る処を浄土にしよう、踏みしめている処を極楽にしようというのが、われわれの修行である。

＊

ある俳人が長いこと病気で臥《ふ》せっておった。そしてあるとき「ああ勿体《もったい》なや、勿体なや、今日もまた粥《かゆ》を戴き、朝顔の花を眺める。妻よ、生き永らえねばならぬことよ」と歌ったそうだ。ところがこれは「ああバカらしや、バカらしや、今日もまた粥をすらされ、朝顔の花ぐらいで達者な奴にごまかされ、妻よ、生き甲斐のなきことよ」とも言える。同じ事情、同じとき、同じ事柄に、感謝もできるし不平も言える。一つのことを喜びもできるし、悲しみもできる。そこで仏性《ぶっしょう》というものは、仏さまが成仏して眺めれば一切がみな仏性であるし、迷うて眺めれば一切がみな無明《むみょう》であるが、無明というものが仏性と別にあるのではない。

＊

われわれのたった今の生活態度がインチキならば、今まで飯を食べさした人も、今まで教えてくれた人も、今までものをくれた人もみなインチキをさせるためにしてくれたことになる。もし今日の生活態度が立派ならば、その立派なことをさせるために私を生み、私を育て、私を教え、私にものをくれたことになるのである。このたった今の生活態度が全過去を生かしていくのじゃ。

＊

何が運がいいやら、悪いのやら分かったことじゃない。誰でもその場所でそのことに堂々と生きていったらいいじゃないか。

＊

仏道とは修行して特等席に坐ろうとするのではない。仏道は現在の自分の境地でじたばたしないことだ。ここぞ、命の捨て処、ここぞ力の入れ処。それが諸法実相《しょほうじっそう》である。

できるだけ精一杯やったのが安楽じゃ

安心《あんじん》とは足ることを知る日暮らしである。足ることを知るということは、前後を際断《さいだん》してそれに成りきるということである。未来や過去のことを言っているんじゃない。現在を見つめるのです。現在の心持ちを尊ぶのである。そこに不変の大生命がある。

＊

昨日貰ったのを今日きっと返す。そんなことはしたくない。貰うときにはさっぱり貰って「ああ有難い、ただ貰った」こう思っておる。その代わり本当に必要なときには、ごそっと出す。

＊

今日という日を充実していくのが仏道修行である。今日を見失わぬ、今を見失わぬ、自己を見失わぬ、ここを見失わぬように、よく踏みしめていくことである。そうすると工夫とは早く掃除をしてしまおうと急《せ》くことではない。この生活する処を見つめて、掃除をすることそれ自体が修行である。

＊

修行ということは懐中電灯で足元だけを照らして、間違いのない足取りをすることである。ずっと全分見てしまおうと思ってもそうはいかん。一尺角の行によって一尺角の足元を照らせば、久遠《くおん》の仏道を成ずるのである。

＊

負け勝ちを念頭に置かずただする。いつもこの瞬間ぎりに精一杯の力を出す。

＊

私は人間が力いっぱいある限りの力を出すということが非常に好きである。力を出し惜しみしているのを見ると、張り倒したいような気持ちがする。東京のバスガールでも運転手でも、交通量のない田舎に比べて気持ちよく見えるのは、力いっぱいやっていて人格にスキがないからいいのである。

＊

何でも人間は思いきってやるということが非常に面白いことだ。「よし！　やる」と、これでなければ駄目である。

＊

戦場で私はウンと丹田《たんでん》に気力を充実して、思いきって立ち上がった。それからウンと向こうをにらめてやった。そのときには私が日本の全国を背負って自分が一人で立ったような気持ちになった。恐る恐る眼をつぶっている間は眼が見えないが、何くそと思って立ったときに一切が見えるようになった。

＊

命がけくらい何でもない。敵の掃射にさらされながら、澤木上等兵がシャンコ立ちしてとうとう一個大隊指揮して進んだ。けれども別にそれが生死透脱《しょうじとうだつ》でしたことではない。それは森の石松くらい命が安っぽかったんじゃ。何どき死んでもそう無理に諦《あきら》めんでも死ねる身分であった。

＊

中途半端な、握り屁をかぐような気持ちでおる生活、それでは駄目だ。命がけで横っ腹へ打ち込んで考えたならば何でもない。いつも命がけでなければ本当のことはできぬ。

＊

人の顔を見れば否《いや》も応もない。提唱があれば力いっぱい身上ありぎり、ない処は工面してでも出さんならん。そうするとそのあげくシャンとする。

＊

どうしようもこうしようもない。すべきことをする、やってならんことはやらん。できるだけ精一杯やったのが安楽じゃ。これは秘訣ですぜ。

＊

つまりわれわれが年百年中休みなしに息をしておるように、一服があってはならんわけである。今は便所のなかで修行しておる。今は電車のなかで修行しておる。今は本読んで修行しておる。形は変わるがどこにも休みがあってはならんわけである。

＊

禅における生活即宗教は、いつも現在であらねばならぬ。現在の正真正銘、付けなし、掛けなし、貸し借りなし、たった今の正味でなければならぬ。今ここで息が切れても満足であるという、生活をギュッと見つめたものでなければならぬ。

＊

目的が未来にあるときはいつも助からん。いつも今、内面的に行き着いていなければならん。悟りということは「今はこんなだが、そのうちオレは何々をやる」という腰掛けがなくなって、いつでも行き着く処まで行き着いた生活をすることだ。

＊

さあ行き着いたと言うて後ずさりをしておりはせぬか。悟ったという迷いもあるぞよ。まだ足らぬまだ足らぬという処で一生懸命に精進弁道しておる処に、一歩一歩が行き着いておるのではないか。

般若は寸取り虫じゃ

あるお医者さんが「自分は博士にもなり、学校では秀才。大いに自信があって日本一の名医のつもりで患者にブチ当たったら、書きつけ通りの患者は一人も来ん。待ったなしの患者ばかりで、これから発明せんと患者にブッかれん」と言う。それが人生である。もし禅僧が去年悟った通りで今年もやろうとするなら、とんでもない間違いが起こる。

＊

この人生はいつも瞬間瞬間が初対面であり、瞬間瞬間がお暇乞《いとまご》いである。それなら瞬間瞬間に変わっていくのが真実かといえば、永遠に変わらない一つの命である。

＊

この瞬間、宇宙いっぱいの空全体を飛ぶのだが、飛び尽くしてしもうたのではない。この続きはこの次、一生涯飛ぶ余地がある。

＊

一遍悟ったらもうそれでいいというようなザッとしたことではない。悟りというものはこの瞬間ぎりしか間に合うものじゃない。二度目に間に合うものならべエだ。仏教というものはいつでも仰げばいよいよ高く、切ればいよいよ固く果てしのないものである。その果てしのないものを果てしなく求めるのがまた仏向上でもある。

＊

悟ってしまったら、登りつめたら、今度は下らんならんぞ。じゃから一生登るつもりで行くのが宗門の修行である。一生登れるだけのゆとりの残っておるのが宗門の掟《おきて》である。

＊

般若を寸取り虫にたとえる。空《くう》も空におらず、有《う》も有におらず。その縦横無尽に動くところを寸取り虫と。答案が決まったら仏道ではない。

＊

型ができたら、もうそのことはお終《しま》いである。それならもう録音で結構である。飯を食う人間が骨折る必要はない。

＊

衲《わし》の話をテープにとって、後で「澤木さんの話を聴く会」なんてやっても、衲の話が生きているのは今ぎりじゃ！

＊

説法を聞くということは飯を食うことと同じことで、ちょっと遠ざかると腹が減る。

＊

聞いた当座でも明るく広く大きく伸び伸びする。そうして広大無辺な宇宙と継ぎ目なしのような、この三昧境が彷彿《ほうふつ》とするのが、聞法《もんぼう》でなければならぬ。

＊

もし聞き手がなかったら、私もあくびしてそう言わんならんことはなし、ちょっと薄ぼんやりする。私にとっては聞き手があり頼み手があるということは、全く有難い。明日は何と言おうかしらんと思案投げ首、それだからこの自分が余計にはっきりするのである。

＊

今までのようなことを続けているのではいかん。区切りの立った処でわれわれは、今年は今年の建て替えがなければならん。今月は今月の建て替えが、今日は今日の建て替えがなければならん。

＊

毎日初対面、永久に今ぎり、永久にここぎり。この無限の瞬間は現在に生きている真新しい事実であり、過去も現在において考えられた真新しい過去である。

＊

今日の坐禅は生まれてから初めて今日する。そして元旦のマッサラになった気持ちのように、われわれは毎日マッサラになる。これが坐禅の元旦、どの日もどの日も、この元旦を迎える。それがめでたいのである。時々刻々元旦を生み出すのが、われわれの実参実究でなければならん。

＊

坊主になった日に「ヘエ、私は坊主でよう一生通せますやら」と心配する奴がある。要《い》らん心配せんでもいい。初めてその日だけ坊主をしたらいい。毎日その日だけ坊主、その日暮らしじゃ。

＊

この毎日が生まれてから初めてである。いつも生まれてから初めて、この毎日をする。

＊

自分には自分のすべきことがある。今日は今日のすべきことがある。一時も止まっていない今ここに眼を開けば、これはこれで完全、今日は今日で完全。

＊

私はこの歳になっても坐禅はいつでも初心である。坐禅に慣れてしまったらそれはウソの坐禅になってしまう。慣れた坐禅はクソの役にも立たん。いつでも真新《まったら》しの坐禅をしなければならぬ。だから初発心《しょほっしん》のときが一番よい。慣れっこになったのを熟練したと思ってはならぬ。

坐禅はいつも新米でおって下さい。どうして坐堂に入るかとおずおずしている、そんなときやや近いのです。初めて坐ったときを忘れず、素人であって下さいよ。

*

坐禅は年寄るから上手になるというものでは決してない。坐禅はやれる間はやっておくことだ。そして良くあっても悪くあっても、盛り返してみなければならない。

*

これで仏を見てしまったということはない。次から次へ新鮮なる仏を見なければならぬ。一服はない。新鮮な説法を聞かなければならない。[4]無辺法界の仏を、われわれはどれだけの部分に見ているか。あるいはマルクス主義のなかからも仏を学び、エンゲルスの説からも仏を聞かねばならぬ。どこでも仏を見逃さぬ。

*

ただ大自然に生かされて生きること、つまり宇宙が生きている事実が仏である。人間の生身が生きている間中、私事ではなくて一分一秒も休みなく生き続けている。これが本来の面目である。この私事のない本来の面目を生き続けていることこそ仏であるから、仏に至ってもまだ一服がない。

＊

因果を信ずるということは、無限を信ずるということである。無限の変化を信ずることである。私たちでも変化した道中の一つのコマである。

＊

刹那生滅ということと因果歴然《いんがれきねん》ということとは大きな矛盾である。刹那生滅とは前滅後生《ぜんめつごしょう》、前のものは今のものではない、今のものは後のものではない。そのくせ今日のお便所は昨日のご飯だということが、因果歴然ということである。牛肉に玉ネギをたらふく食べてきたのでは、いくら隠しても小便は臭いに決まっておる。こうなれば昨日の続きが今日、今日の続きが明日、しかもこれは刹那生滅で常に新しいのである。この矛盾を頭のなかで割り切ろうといくらやっても、この無限というものは割り切れるものではない。しかしこの矛盾を衝突もなく包むものが非思量であり、そこが「一超直入如来地《いっちょうじきにゅうにょらいち》」（証道歌）である。

＊

古株の梅が今年咲く。永遠に古いものが常に新しい。その新しいと古いの交錯《こうさく》、ここが仏法の極意である。

本当の自分をヒッつかむ

「学に志す」ということは「道に志す」ということで、おのれ自身を究めるということである。この人生を抜きにして道があろうはずはない。そこで人間一生何をするかという極《きま》りをつけるものがつまり学道である。

＊

組織をもったとき宗教は堕落する。ただオレがやるだけ。

＊

仏さんの教えとは一体何を教えたものかというと、めいめいに自己を知れ、自己を究明せよ、自分というものが今ここで本当に何をするかということを教えられた。

＊

私はこうやって人のために喋《しゃべ》るのではない、自分のために喋るのだ。人が私の話を聞くのではない、自分の内の水を呼び起こす、自分を引っぱり出す、本当をおびき出す、そのために喋るのでなければならぬ。あなたから貰うものでなし、やるものではない。

＊

（法然上人の言葉を引いて）だから仏道というものは人に見せびらかすためとか、それを売り物にしてはいかぬ。妻にも子にも知られずに、盗人《ぬすっと》をするように念仏を申せ。

＊

坐禅というものは広まりにくいものです。ただ坐るもので、見せびらかしてはならぬものです。一番悪いことをするようなつもりで坐禅はしていかにゃならん。

＊

せっかく発心《ほっしん》しても、せっかく仏法を聞いても、せっかく捨てるものは捨てても、うっかりすると捨てたのが商売になることがある。

＊

毎日向上しないと堕落する。毎日磨かないと錆《さ》びてしまう。そこでわれわれの本当の自己を見失わないで毎日成道《じょうどう》する。ご飯に向かって成道する。いかなる場合にも自己を見失わない。

＊

無常ということはもうその時ぎり、一遍ポッキリ今ぎりの勝負。毎日自分の出る息が出る息ぎり、入る息が入る息ぎり、それでお終《しま》いでなければならない。ところがわれわれは何やら継ぎ足したものに迷うておる。子供がおるからお父っつあんと思うておる。孫があるからおじいちゃんと思うておる。「別れ、オイッ」――孫は孫ぎり、じいさんはじいさんぎり、息子は息子ぎり、そこで出る息ぎり引く息ぎり、そこに初めて無味淡白であるから宇宙いっぱいである。

＊

日常われわれはいつでも不平不満を持っている。それは現在の自分というものはつまらぬものだから何とかしなければならぬ、また何とかなることができると思っているからである。これが妄想《もうぞう》というものである。現在そのようなことを考えて生きている自分の他には自分はない。これはかけがえのない自分である。このオレの代わりはどこにもない。したがって、この今の自分が考えることもすることもなすことも、みなことごとくこれ、かけがえのないことで、つまり実相でなければならぬ。

＊

みんな長者の血統を継ぎながら、欠け椀《かわん》さげてウロウロしているじゃないか。なにも長《ちょう》者窮児《じゃぐうじ》なんて、昔話や法華経を読むだけのことではない。自分が現在そうなんだ。

＊

一生のうちに何をなさなければならんか――本当の自分をヒッつかむことである。本当の自分の使命というものを見出していこうというのである。この本当の自分に行き着いたのを得悟という。本当に自分というものを見て、しっかり足を地に着けていく。その踏みしめ方、すなわちオレはこうだとしっかり自分を見失わないようにする。これが成道である。

＊

魂というものは赤いのか白いのか、丸いのか四角いのか、それともバラバラしているのか分からない。その分からないものを、バラバラで放っておくならば何でもない。それをギューッとヒッつかむ。ギュッとヒッとらえて自分の思う方へ引っぱっていく。つまり自分の生活というものをジーッと見つめる。そこに宗教というものがあるのである。

＊

自己そのものがそっくり仏性《ぶっしょう》である。それをオレはつまらないの、オレは駄目だのと言って、自己を冒瀆する。われわれは自己をしっかりつかんで止まる処を知ることが大切である。娘は娘で安心立命、妻君は妻君で安心立命。娘さんは娘さんに成りきる、妻君は妻君に成りきる。それが仏性の現成《げんじょう》である。

＊

グループ呆《ぼ》けすると白黒が分からなくなってしまう。どんな悪いことでも集団でやると悪いという気がせん。このグループ呆けということのために、どこやらで自己を見失ってしまう。別れオイッ！　オレがオレである。

＊

極楽ということは「群《ぐん》を抜けて益無《えき》し」（永平清規《えいへいしんぎ》）ということより他にはない。つまり目が目で目のすることをし、鼻が鼻で鼻のすることをし、耳が耳で耳のすることをし、めいめいが自分の役割通り当たり前にやることである。

＊

本当の安心《あんじん》は一生懸命心配して努力して、自分を見失わんように工夫し、一歩一歩油断なくギュッギュッとやって、いつも地に足がついて初めて、そこに安心が見出されるのである。

＊

安心ぐるめの安心などというたら、それは鋳造された安心でしかない。そんなものを求めて追いかけるから不安心じゃ。親鸞さんもそういうツミアゲル念仏を捨てられた。ツミアゲル修行を自力根性という。不安心のなかに修行していく処に大安心がある。その安心と不安心の交錯《こうさく》に大安心がある。

＊

誰でも後戻りはないんですよ。万物は二度と再びあるものじゃない。一遍ポッキリなのだから、本当の道を真っ直ぐにぐんぐんと行かねばならぬ。向こうをむいて行くばかり。

坐禅とは　最も新しいオレという祖師である

どこでも子供は、おだてたりすかしたりして教育するのではあるが、そればかりでいくと人からほめられるけれども自分というものがない。自分というものに実が入らない。修行とか禅とかいうものは、ここをつかむためのものであって、たとえ神さんから見くびられても仏さんがなくなっても、自分自身の内容をがっちりとつかんで、自分が自分に成りきることである。

＊

私たちはいつも借りものの自分で、外からネジがかかっているので、オモチャの自動車のようにネジのかかっている間は順々と動く。この外からのネジで動くのではなく、自分で自分するのが坐禅である。

＊

忙しいということは何かからボイ使われていることじゃ。線香花火みたいにパッパ、パッパ飛び歩いておってはいかん。閑居して自己を持つ。大切なのは自己の生活を突きとめておることである。

＊

閑居ということは安住することだ。何に安住するかというと、自己に安住する。われわれは自己の生活に安住する。そして、ものから動かされていない。煩悩からも、五欲[5]六塵《ろくじん》[6]の境からも動かされない。仏見法見《ぶっけんほうけん》からも動かされない。何ものからも動かされない。

＊

そして何もかも、ただする。坐禅ばかりではない。この何もかも、ただするということが「撃《う》[7]ち方止《や》め！」である。ただ自分が自分にすることだ。

＊

ただ啼《な》いておるというのは、つまり立ち往生である。春色は春色の立ち往生、ウグイスはウグイスの立ち往生、相手あってのことじゃない。

＊

何のために何をするじゃない。われわれの人生も瓦《かわら》[8]を磨くつもりでなければならぬ。無所得の生涯が常精進なんじゃ。

＊

誰も見ていない処で立派な態度をとることを、私は宗教生活と言うのである。自分が自分へ透明である。自分が自分へ明らかで、人から見られない処で本当のことをしている、そこだ。

衲《わし》が家を飛び出したのが十七の歳の六月の十日であったが、そのときの心持ちがいつも私を鞭《むち》打ち、私を叱り「何だこれ興道、調子づくな。何だお前は、怠けるな」——そのお陰で、おぼつかない足取りでよちよちと仏道を修行していく。

＊

法隆寺は日本で一番いい寺だが仏教じゃない。仏教は自分の境涯である。人間がどうしたら仏境涯が得られるか、そこにわれわれは非常に骨折らんならん。骨折るのにこれこそと思うた処、餓鬼道だった。これこそと思うた処、声聞《しょうもん》だった。これこそと思うた処、菩薩だった。遠くして遠し——。ただ「吾我《ごが》を忘れて潜《ひそか》に修す」（学道用心集）ここである。

＊

私はいつも自分で自分を叱るのである。叱るというと変に聞こえるが、つまり自分を見ることである。回光返照《えこうへんしょう》するのである。自分さえ見ればよいのである。

＊

ありありと自分を自分に見せつけられるのがこの回光返照、静坐観察である。活動写真を見ておるように自己見物をする。自己を見ると衆生がよう分かる。迷いの衆生ってオレのことじゃなということがよう分かる。

*

如実なる自己を見るということ、知るということが、衲僧《のっそう》[10]の相見《しょうけん》である。それは自分と自分との問題であり、本当の自分と自分との相見である。自分という弟子、自分という師匠、その他にはない。

*

法を伝えるということは、自分が自分というものに伝えること、自分が自分に成ることである。

*

仏さんがどうした、何年前にどんな偉い人があった、何のお経にこう書いてあった。そんなことは何でもない話である。自分の問題でなければならぬ。自分の問題は自分で修行することである。

*

道元禅師は偉かったとかいろいろ言っても、それはお前と違うじゃないか。そういうよそごとを言うのを分別、妄想、寝言という。今ここで私がそのものに行き着いて分別を離れる、これがすなわち不戯論《ふけろん》である。

＊

「これでようござんしょうか」と言うて、悟りを催促してせがむ奴がおる。人に問う間はロクなことはない。自分が本当に行き着く処まで行き着いたら、もう人に問わいでもいいじゃないか。

＊

人人《にんにん》が光明《こうみょう》である。もとから仏さんとちっとも違わぬのじゃけれども、それがいつの間にかどこやら道草してしもうたのである。だからこの大智慧光明の的々《てきてき》の大意は、この自分の生きている身体全体に聞かなければならぬ。仏法は身でもってすることである。これを本当にああ有難いと喜ばねばならぬ。

＊

オレという細胞の固まりの凡夫が、仏と一緒のことを表現する。それが坐禅である。坐禅とは最も新しいオレという祖師である。

＊

仏とは自分自身のことである。自分自身が仏になるより他に仏というものはない。

私の宇宙をもって生まれ　私の宇宙をもって死ぬ

澤木と言えば興道と言わんでも分かっておる。澤木というのが宇宙いっぱいであるならば、宇宙の他に澤木はない、澤木の他に宇宙はない。

＊

われわれは自分一人で生きているような気持ちではあるが、大自然に生かされて生きているのである。これは自分一人のことではない、宇宙的な事実である。この宇宙的な事実が自己というものであり、これを[11]尽十方界真実人体《じんじっぽうかいしんじつにんたい》という。坐禅とはこの宇宙的な事実としての自己を修行することである。つまり坐禅は宇宙を実証実修することである。私一人が坐禅するということは、宇宙を抱いて坐禅するのである。

＊

自分のことをするのが宇宙いっぱいのことであり、宇宙いっぱいのことを自分一人でやる。そこが参禅という深い意味である。

＊

宇宙にある真理は誰が発揮するか。オレという人格がこいつをあおいで発揮するのだ。

自分がやらなければ宗教はない。

＊

最もつまらないことは、自分をつまらないと思うことが一番つまらないことである。釈迦と自分と何の距離もない。

＊

宇宙と続き、仏と離れない自己をシッカリつかんで活躍すれば、獅子舞の後足となろうが前足となろうが、そこに全自己の活躍がある。

＊

この世界はようしたもので、自分一人の気の持ちようと覚悟次第でどうにでもなる。仏道は主観的事実である。しかしそれが単なる個人的解脱で終われば小乗である。大乗はそれが仏と継ぎ目なしになると同時に、地獄の衆生とも継ぎ目なしになる。

＊

過去永遠を救い、未来永遠を救う坐禅の境涯は、主観的事実である。すなわち内面にある内観の客観である。こちらが暗うなれば、天地日月も暗うなる。こちらが嬉しければ、タクアンまでも笑う。こちらが怒っておれば、敷居《しきい》までが怒っている。こちらが元である。

＊

ものを見るということは、前にものがあるのじゃない。したがって考えようによっては、一切のものはみな自分の影を見ておるのである。

＊

人が見たものは自分の感じじゃない。自分だけの本物を見なければならない。だから外に悟りがあるんじゃない、自分の内面のことである。すなわち従来の生活を一八〇度回転してガラッと見方、聞き方、嗅《か》ぎ方、舐《な》め方、一切を引っくり返すことでなければならない。本を読んだって分かろうわけはない。

＊

ところがわれわれ「我《が》」という窓口の修繕が悪いもんじゃから、とんでもない色眼鏡で見たり、色ガラスを越して見たりする。向こうにそんなものがあるのじゃない。手前に障《さわ》りがある。無色透明なら万物をありのままに見ることができる。そしたらオレの生きる他に山川草木《さんせんそうもく》はない。

＊

この世界はあなたの世界であり、私の世界である。これを例えれば人の頭数だけ光線が相互いに照らしておるように、私が死んだら私の富士山も、私の地球も天体も、私の茶碗もなくなってしまう。

＊

めいめいが世界である。自分が死ぬと世界が死に、世界が滅する。オレが生まれたときにこの世界が生まれたのだ。するとお前が死んでもまだこの世界は残っているではないかという。いや、オレの分はもう死んだというのだね。つまり人人《にんにん》はそのままで何の不足もない完全無欠なものである。この完結した自分を会得するのが仏道である。

＊

私が生まれたときに私の宇宙が一緒に生まれたのだ。そして死ぬときにはめいめいの宇宙を持って死ぬ。

1　**個々壁立万仭**《ここへきりゅうばんじん》――絶壁が高くけわしくそそり立っているように、一人一人が比較を絶していること。

2　**尽十方世界**《じんじっぽう》――今ここにおいて宇宙を尽くしている真実の世界。

3　**無作**《むさ》――何かのためにするのでなく、本来の自ずからなる働き。

4　**無辺法界**《むへんほっかい》――いきいきしたこの限りない真実の世界。

5　**五欲**――五種の感官（眼・耳・鼻・舌・身）が、それぞれの対象（色・声・香・味・触）に、執着して起こす欲望。

6　**六塵《ろくじん》**―それぞれの感官に入って本来清らかな心を汚す六種の対象。色・声・香・味・触・法（思考の対象）。

7　**撃《う》ち方止《や》め**―激戦でパチパチバンバン撃ち合いに必死になっていたのが、「撃ち方止め！」の号令がかかるとすべて止める。このすべてを止めた世界から人生を見直してみること。坐禅のこと。

8　**瓦《かわら》を磨く**―南嶽大慧《なんがくだいえ》禅師が弟子の馬祖《ばそ》大師に、瓦を取って磨くことで坐禅の無所得《むしょとく》なるを示した故事による。何かのためではなく、天地いっぱいの生命を刻々生きているが故に、その生命力をただ即今《そっこん》に尽くしていくこと。

9　**回光返照《えこうへんしょう》**―夕日がみずからの光に照らされるように、真の自己の光に照らされて省みること。

10　**相見《しょうけん》**―相まみえること。

11　**尽十方界真実人体《じんじっぽうかいしんじつにんたい》**―われわれの本来の姿が、いつでも宇宙全体を尽くしたあり方であること。

II 変身する

変身する

私は堕落が好きなのじゃが　凡夫澤木の自由がきかぬ

「澤木さん、欲はない」と言うが、実はあるどころではない、ようやく辛抱しておるだけじゃ。欲を深うすると仏法に傷が付くから、辛抱しておるだけの話である。欲が深いから人の欲の深いことがよう分かる。分からんでおるのはアホじゃ。だから間抜けたことはせん。しかもその欲の曲線は、角度が激しくある。その角度の激しい煩悩を持ちながら、その煩悩を仏道に持ってくる。そうすると煩悩の多いほどええんやね。煩悩が鈍うなるとやっぱりええ処も鈍うなる、元気も鈍うなる。どんな辛抱でもするのは、煩悩が多いからである。そこの人生と仏道の交錯点《こうさくてん》が最も肝要な処である。

＊

人間澤木興道が仏道から引きずられていく。それがために凡夫《ぼんぶ》の澤木の自由がきかぬ。それが信仰というものである。透明になるから凡夫澤木が我がままができなくなる。

＊

「仏祖の法」は誰でも嫌いである。それよりは飲んだくれの法の方が好きなんだ。私は堕落しとうてかなわんのじゃけれども、仕方なしに引きずられて坐禅しておる。みなが監督しておって、堕落させられないだけの話である。

＊

じっとしていても常に動揺しているのが人間の弱点というもので、これはどう処理しようとしても処理できるものではない。この血の騒ぐヤツをよく飼いならしていくのが仏道である。全くなくしてしまうというのではない。馬でも暴れてどこへでも放馬することがあればこそ、馬の馬たる処で、これをなくしてしまえば馬の役をなさない。人間もそうである。人間の人間たる処を消してしまうことではない。よく飼いならさなければならない。よく人間を飼いならしたのが仏というものである。

＊

この身体のどこの細胞を捕らえても、みな煩悩の原料である。そこでこれをどう使うかということが問題である。この肉身が一生荷厄介《にやっかい》になるのであるが、だからといって潰《つぶ》してしもうたら何にもできぬ。坐禅もできぬ。そこでこの荷厄介なヤツを、手綱の取り方一つで最上、最高、最後の処に目星をつけてドウドウとあやしながらもっていく。そうすれば煩悩即菩提、その荷厄介なヤツが結構なものになるのである。われわれどこまでもいろいろな煩悩はあるけれども、これを心の持ちようで、すなわち使い方によって荷厄介でなくしていくのである。

＊

自己をあつかいそこねんということが神通力である。

＊

いつも仏さまと私と引っぱり合いをしている。どちらが強いか。仏を引き入れてこっちの餌にしようというのが、凡夫澤木である。そいつは澤木の内容を豊富にして、人間のなかで押し合いをして、押しも押されぬ人間になろうと思う。

＊

真実を求める、誰が？　凡夫が――それなら何でもない話である。それなのにみな偉い凡夫をこしらえようと思って努力しておる。

＊

仏法というものは努力していくものではない。われわれ凡夫の努力をやめた処に仏法がある。

＊

凡夫のなかから見るものじゃから、坐禅というものが分からない。

＊

仏法というものは一体何するものかというに、実はそう偉い凡夫を作らんでもいいのじや。なるたけ凡夫が貧弱になって、顔出しできんような凡夫になったらいいのじゃ。

＊

我らは人生について何を知っているのだ？　何も知りはしない。人生の目的は何か？　これも知らない。知らないで食わせてもらっておるのだ。「神さまから許されて生きさせてもらっております」（西田天香）だ。それならば、もっとおとなしくしておるがよい。

＊

自分というものを遠慮しておれば何でもないわけである。自分という奴は本当のものじゃない。これにだまされてはいかん。

＊

仏法は極楽行きの道ではない。迷いと業《ごう》[1]に迷わされず、気が狂わぬことである。われわれが修行するということは、要するにノボセを下げるだけのことである。

＊

われわれの頭には凝《こ》り固まりがあるから、それを按摩《あんま》して揉《も》みほぐして一切囚われがなくなれば、それが質直意《しつじきい》柔軟《にゅうなん》[2]である。

＊

私は腹が立ったら合掌する。合掌するとノボセが下がる。痙攣がおさまる。

＊

じっと結跏趺坐《けっかふざ》しておると、腰に温《ぬく》もりがきて頭のノボセが下がる。坐禅とは要するにノボセの下がることである。

＊

お袈裟に包まれると、われわれは迷おうと思っても迷っておれんようになる。われわれはこれをもって煩悩を防ぎ、生死《しょうじ》の海を渡り、これをもって飯を食べ坐禅をする。

＊

寺に来ておれば、朝三時にドンドンと太鼓が鳴ったら起きなければならん。ここに一種、寝坊という煩悩が整理される。そこに一つの滅がある。つまり涅槃するのである。

＊

この地獄に堕ちる者と堕ちる者を救う仏とのつながり——ここに仏教の懺悔《さんげ》がある。懺悔が真実であるならば、成仏も真実である。この迷いと悟りの交錯、信仰の深さはそこにある。

＊

仏から引っぱられ、仏法から引っぱられていくこの私の一生が、即心是仏《そくしんぜぶつ》[3]である。

決定的にめでたい人間になる

どんな悪縁でも一八〇度転向すれば、そのものが役に立つのである。自分はこの憤怒《ふんぬ》の面を何と見たか、この罵詈《ばり》の声を何と聞いたか、自分は毒を薬にする力を持っているか。ここにめいめいが、いかに受け取るかということが大いなる問題で、ここに宗教が生まれるのである。

＊

そしられると腹を立てて鎌首を持ち上げるのが普通であるが、これは自分の至らないことを広告するようなものである。そしられるということは、そういうことが将来あってはならぬぞと、天がおのれを諫《いさ》めてくれるのである。澤木がワイロを取ったという、なるほどオレもやればやれるなということが分かる。あるいはどこそこの女をどうとかしたという。なるほど自分にもそういう可能性があるなということが分かる。そうすればそしられるということは実に愉快である。

＊

どの姿もみな衲《わし》を済度するための方便の姿である。衲に油断させまいと思って敵となって現れ、衲に怠けさせまいと思って悪魔となって現れる。

＊

万物とは仇同士《かたき》の寄り合いで、ひったくり合いしておったのが、継ぎ目がなくなると実は自分を育むために万物があってくれたのだ。

＊

渋柿の渋をしぼって甘味を求めても、それは全くお門違いというもので、それでは柿の本当の甘味はない。渋が甘くなるのじゃから、渋の他に甘味はないのじゃから――ここに仏法の広大無辺な処がある。

＊

災難の来るのはいいもんじゃ。災難が来ると人間がしゃんとする。いいことばかりあって、猫が日向《ひなた》ぼっこしておるような顔をしておってはいかぬ。

＊

私はいつも一生行者《あんじゃ》（有髪の修行者）に付きまとわれたいと思って努力している。行者に降参を言わぬようにしようと思っている。これ一つでも修行である。いわんや行者ばかりでなく四方八方に仇を受けて狙《ねら》っておってくれるなら、朝から晩まで緊張して油断のない修行ができると思う。そういう意味において、楽屋のない私の生活は非常に幸福だと思っている。

＊

決定的にめでたい人間になる、そこの秘伝が私は仏法だと思う。いわゆる主観、内面の事実が、決定的にめでたくなることじゃ。私はもう痛快でたまらぬ。朝から晩までめでたいことばかりじゃ。

＊

決してどうすれば日々是好日《にちにちこれこうにち》となるというのでもなければ、何でもない。元々われわれには何にもなかった。それをいかにも何かあるように錯覚で右往左往していたのである。つまり要るように思えていたものが、なあに要らぬものであったことさえハッキリすればいつでも日々是好日、年々是好年である。

＊

般若（智慧）のマッチ一本で方角をはっきり見ることができる。それは捨てるものを捨てることではないか。忘れるものを忘れることではないか。

＊

われわれの日常毎日が、天帝の試験を受けておるのである。非常に困難なことがあるとか、心配なことがあったりする。なぜ心配かというと、それは我が身が可愛いから心配なのであって、我が身を捨てきったら何でもない話だ。

*

苦楽昇沈ぐらいにへこたれてどうする。一切投げ出してみると何でもない。死にきってしまえば、まことに楽がある。

*

仏教者というものは、決して何からもおどしのきかん者でなければならない。

*

心配したり喜ぶのは、この「めいめい持ち」がすることである。私も子供のときには負けず嫌いじゃったが、八十を過ぎてしまうと負けず嫌いもなくなってしもうた。どうもないね。「めいめい持ち」さえも忘れたら安気《あんき》なものじゃ。苦に逢うて憂えず、楽に遇うて喜ばず、万事にどうでもよくなってしまう。こうなるともう我《が》というものもそう突っぱっておらぬ。こうあるのが本当に有難いことである。

*

迷いの尽きるということは、おのれのあることを忘れることである。

自分くらい地獄に落ちたっていいじゃないか　面白いぞ

人間はオギャーと生まれてから死ぬまで妄想分別に囚われて、この妄想に支配されている。そして毎日、飯を食うのから何から何まで、人間と人間とムシリ合い背比べして、ひどいのになると自分の生命までも妄想分別で長生きしよう、楽をしようとする。

＊

一体、人間一生何ぞになるか？「何もしなかった。生まれて来たものじゃからしようがない。餌を食って生きていただけさ」と。

＊

この世の中はいずれにしても大したものではない。金持ちと貧乏、高官と下級官吏、どちらにしても飯を食って糞をするだけである。ここで一番思いきって、人生という川にパッと自分から飛び込む。無目的に落ち込んでアップアップやって息を切らすか、ウワーと一番飛び込むか、これだけの違いである。これが人生を遊ぶのである。

＊

高等文官の試験が通るかしらんと言うて、血走った眼をしてノイローゼにかかりかけたような顔をして来た者がある。そこで「お前が試験に通らなかったら、もっと優秀な者がいるのだから喜んだらよいじゃないか。お前のような者が通るなら、他に優秀な者がおらんのだから、国家のために悲しまねばならぬ」と言ってやった。

*

なあに自分くらい地獄に落ちたっていいじゃないか。地獄は面白いぞ。

*

凡夫というものは自分を本当に自分と思っておって、自分が喜び自分が悲しんでいると思って、一生終わってしまうものである。しかし幸福の、不幸のというものはただ思うだけであって、本当の処は何でもないじゃないか。

*

われわれには我見《がけん》というものがある。この我のためにいつも支配されておる。この我さえなければいつでも宇宙いっぱい、仏さまと続きなんじゃ。

*

人間のこの世の中が一体何のために目まぐるしいかといえば、我が身が可愛いためである。私みたいに万年小僧でいいのなら何のことはない。

*

私はこれ一生、とうとう遊んでしもうた。どこへ行ってもオモチャというてはすまぬけれども人が集まってくれるし、集まってくれると自分が仏法のおさらいをするし、それで日傭賃《ひやといちん》と関係のあることじゃなし、まことにのんびりしたものじゃ。人間はみな遊ばないかぬ。仕事するからもめごとが起こる。

＊

心においても身においても、どうせんならんということはない。仕事を仕事と思っておるから日傭賃の値上げを要求する。私はちっとも値上げしはせぬ。これは遊びじゃから何でもない。

＊

仕事と遊びと一つであるということくらい幸福なことはない。五高生いわく「和尚を見ておると遊びも仕事も一つじゃ、遊んで楽しみながらそれが仕事になっておる。世間では誰もできん芸当ですたい。うまいなあ」と。

＊

釈迦には『五百本生経《ほんしょう》』というものがある。本生というのは前生《ぜんしょう》のことであるが、仙人になったり、婆羅門になったり、学者になったり、馬になったり、蛙になったり――それがみな釈迦の遊びである。すなわち縦横無尽、いかなる形、いかなる性格、態度もみなことごとく遊びであったことを、前生のこととして表現したのだと思う。遊ぶということは自己を創造していくことである。

＊

なぜそんなに良寛さんがよいか。遊んでいる処がよいのだ。日傭賃に関係がない。世の中というものは全分これ遊んだらいい。

＊

観音さんはそんな逃げたり追ったりの流転をしない。なぜならば小乗の連中のように、自分には煩悶とか苦悩とかがあると勝手に決めてかかってはいない。本来そんなものはないから、逃げたり追ったりしないまま、ありとあらゆる姿を現じてただ遊んでいるのである。

＊

この世の中で一つもじたばたすることはない。私だって誰かに毒殺されることがあったって黙っている。それでいいんだ。一炷《いっちゅう》のこの坐禅が、いつも行き着く処まで行き着いた正味の坐禅である。

どうにもならん煩悩　そこにただする世界がある

一体われわれの人生が何になっているのか。人生は無目的である。それが煮つまって、何にもならん坐禅に追いつめられてしもうたというのが、今のこの私というものである。

＊

仏の真似ではつまらんという。それなら盗人《ぬすっと》の真似をしてみい。すぐ盗人になる。この凡夫の身体で、仏の真似ができるから有難い。

＊

今までマージャンをやっておった身体で一遍に坐禅ができるのじゃから、坐禅すれば「一超直入如来地《いっちょうじきにゅうにょらいち》」（証道歌）なのじゃ。今まで凡夫の姿で銭勘定、金もうけのことばかり思っておったものが、今度は坐禅するのじゃから一超直入の如来地である。

＊

煩悩は根切れのせんものである。「はばかりながらオレには煩悩はないぞ」と言いたくて修行しているのは、玉ネギの皮をむくようなもので、いくら悟ろうが何しようがこれはいかん。この五欲六塵《ろくじん》の凡心をもって、六道輪廻[4]のこの身このまま坐禅ができる、このまま坐る。心猿意馬《しんえんいば》のそのまま非思量《ひしりょう》、このままが不染汚《ふぜんな》。全くこれは「火中の蓮《れん》のごとし」（永平広録）と言わなければならない。

＊

人のものを取ったらすぐ盗人になる。手間もひまも要らぬ。坐禅したらすぐ仏になる。だから技術じゃない。坐禅を信じて坐ったら仏になるのである。ただの澤木興道でなしにケタが外れる。

＊

実物は何かといえば、この身構えである。われわれの意識がどうであろうが、そんなものは問題ではない。ただこの形通りにちゃんと坐りさえすれば、問題はそれで片づくわけである。

＊

追いつめられたら、われわれは坐ることより他には何もなくなる。行より他に何もなくなる。結局祇管打坐《しかんたざ》、だから坐禅は身心脱落《しんじんだつらく》なりじゃ。

＊

人間界は何しておるかというと、金が欲しい、出世がしたい、うまいものが食いたい、楽がしたい。色気や食い気や出世気や、そんなことで一生終わってしまう。ところが坐禅はこれらを一切ごめんこうむって、つまり人間界を一服する。

＊

修行というものは何をするかといったら、人間を廃業するんです。人間をやめることなんである。

＊

非思量とは何かというたら、人間の憩いである。人間からごめんこうむって、このごめんこうむった世界から人間をさらに回光返照《えこうへんしょう》することである。

＊

あなたまかせ。人間から眺めない。月ばっかり照っている。

＊

この無量無辺の煩悩はどうにもならん。どうにもならんから、そこにただする世界がある。これを祇管打坐という。まずこれよりしようがないという処より他には道はないわけである。

＊

われわれが今日こうして生きているということは、大光明《だいこうみょう》のなかでやっているのであるから、素直に自分のたくらみなど捨てれば、それが自分の本当の姿である。したがって自分の計らい営みを放下《ほうげ》して、自分が生かされ生きている本来のあり方にまかせきる。自分でどうすることもなく、こうすることもない。その素直さを実践した者が、祇管《しかん》に坐禅することと相成ったのである。

＊

結局われわれは信じて坐る。信じるということは宇宙いっぱい、広大無辺な自心に疑いの晴れることである。ハハア個人持ちのものは本当はなかったのじゃなあと、つまりいえばこの坐禅というものに疑いが晴れて、まずここまで来た、これだ、これよりしようがないと、それが信である。

＊

坐禅したら、もはやあなたが坐禅したのではなくなって、広大無辺が広大無辺することである。これが坐禅というものの信仰である。

＊

坐禅とは自分が自分ではなくなって、大自然になってしまうことである。それはただ大自然が大自然であったのである。

衲《わし》か？　こんなものは地球の湿気と熱でわいたカビだ

坐禅は本来の光明蔵三昧《こうみょうぞうざんまい》[5]を修行することであって、何になるのでもない。元の通りであるんじゃから、赤ん坊なりでいいのじゃ。それがいつの間にか坐禅してまでも利口な奴になってしまう者があるが、それは坐禅ではない。

＊

良寛さんのような作りもののない人は可愛らしい。良寛さんと私と比べて、いつも私は金もうけしていて恥ずかしゅうなってくる。

＊

至道《しいどう》[6]ということは、人間のこしらえたものではない。根から生えたものなら何もどうせんでもいい。眼横鼻直《がんのうびちょく》である。

＊

われわれは何かしら宇宙いっぱいの原則で生かさせられているんじゃから、その生かさせられているものが、何も偉そうなことを言う必要はない。ところがいつの間にか、オレがオレがという我《が》が出て駆けずり回る。

＊

自分というものは何もない。川の流れのようなものであって、固定した私というものはないんじゃ。

＊

（自分の頬をつまんで）こんなものは地球の湿気と熱の間にわいた麹《こうじ》の花のようなものだ。カビだ、大したものじゃない。太陽の熱の加減にすぎん。

＊

我というものから割り出して考えていたら、みな邪見である。

＊

「泣こうか飛ぼかか、泣くよりひっ飛べ」――誰でも子供のとき、そういう遊びをしたものだ。これはことに当たって全身を投げ出すこと、仏にまかすことである。南無観世音と一心にみ名を称する処には、もうおのれはない。観音さんばかり。そのとき自己が天地いっぱいになる。

＊

「野も山も里も我が身も鶏《とり》の声　何を残して聞くというらん」

何でも思いきり高調したときは一つになる。野も山も我が身も打ちこんで継ぎ目がなくなって、天地いっぱい鶏の声、その他には何もない。ただ声ばかりではない。一切合切、森羅万象鶏の声。聞く自分もなければ、聞かれるものもない。即ち主観と客観が尽き果てた処である。

＊

一切合切これ知った処は、みな一切を忘れた処でなければならん。金持ち、貧乏はもちろんのこと、一切の人間のおかしな目安を忘れた処に、千聖《せんしょう》も及ばない処があるのではないか。

＊

撃《う》ち方止《や》め――何でも忘れなければならぬ。男が男を忘れ、女が女を忘れ、学者が学問を、貴族が貴族を、貧乏人が貧乏を忘れて、憎しみもなく調子づきもない。

＊

仏道というものは、凡夫を仏にするものじゃない。凡夫も仏も、凡聖迷悟《ぼんしょうめいご》の隔たりを飛び超えるのが仏道である。迷いも悟りも問題にしないのが仏法である。

＊

「[7]一撃所知《いちげきしょち》を亡《ぼう》ず」（渓声山色巻）――どう工面してから竹の音を聞いたのではない。竹の音が天地いっぱい。竹の音そればかりなら、風呂に入るときは風呂に入るばかり、飯を食うときは飯を食うばかり。

＊

自分の悟りでも自分の修行でも、そいつを自分で名乗りをあげるのなら、それは狸寝入りして「留守じゃ」と言うのと同じことである。

＊

この人生というものは見た通りじゃない。そこにこの妄想分別さえなければ、本当に自身の内面の問題であるならば、縦横無尽、何の行き詰まるものもない。

＊

煩悶とはみな必然に対する妄念であり、この自分勝手な胸算用で暴れまわっているのである。

＊

「何事もなきぞ」と慈雲尊者《じうんそんじゃ》の大きな掛け物に書いてある。人生泣いたり笑うたりヤッサモッサの大騒動だが、この何事もない世界から見たら実は何でもないことである。

＊

ナーニ大したことはない。どちらへどう転んでもそれでよいのである。法華《ほっけ》の一乗から転げおちる気遣いはない。

仏法は無量無辺　小さなお前の思惑を物足りさすはずがない

会得したとか悟ったとかいうのは、それは人間の沙汰である。人間の沙汰を越えてしまわなければ、いくら悟ってもめいめい持ちのものになってしまう。めいめい持ちのものになってしまえば、これは何でもない話じゃ。

＊

「主客一つ」と言いながら、悟っておるのはオレじゃとか、「あなたまかせ」と言いながら、安心《あんじん》をしていただいているのはこの私じゃとか、ようこんな間違いをする。

＊

「計らい我執を捨てる」とか言いながら、凡夫はこちらへ仏さまを引っぱって、仏さまを自分の都合のいいものにしてしまう。

＊

仏法というものは難しいという。何が難しいかといえば、めいめい何やら小さいものをつかもうと思うから難しい。そう思わなかったら何でもない話である。

＊

仏さまの教えとは結局、自分をどう片づけるかということである。ところが衲《わし》は修行すれば、自分というものが思い通りに何とかなるものと思って、一生懸命にできるだけ型の通り修行してきたのであるが、やはり自分だけは何ともならん。やはり自分というものだけは始末がつかん。

＊

どんな物足りた気がしても、それは夢である。そんな夢を見んうちから、物足りんことにドスンと腰をすえて無為無事《むいぶじ》の道人《どうにん》となる。これが坐禅である。

＊

安心《あんじん》とか、悟りとか、そういうことに固定したものがあろうわけがない。これが正法《しょうぼう》だというものをつかんだら、とんでもない間違いである。

＊

われわれ小乗はどう、大乗はどう、いやあれじゃこれじゃと、本を読んだら読んだだけ何やら概念が固まってしまう。概念をつかむために後のものが入らなくなって、大切な正味を取り失うてしまう。そうじゃない。そういう人間思案の役立たんことになって、一切のものがみなバラになる、素面《しらふ》になる、酔いから醒める。つまり前後際断《さいだん》して、バラバラにするからノボセが下がる。そしていかなる処でもいきいき生活していく。私はこれを「別れオイッ」と言う。

＊

ところがどうもわれわれというものは何かに引っかかる。戒法を持《たも》てば持ったことに引っかかる。「オレが戒法を持っておるのを知らんか」と言うようなもんじゃ。あるいは「仏法のここの処は誰も一向知りおらん、ただ自分一人だけが知っている」と言ったりする。そんなヒステリーみたいなことを言わんでもいい。

＊

そこに引っかかる場合には、どれだけ善いことでも駄目である。悟って悟りを忘れ、人のためにして人のためにしたということを忘れる。

＊

問題は人間の理解力ではない。そんな処に仏法はない。仏法は人人《にんにん》の本来の姿である。だから誰だって一切の「作りごと」や「作りもの」をやめて、人間そのものの本来の面目になれば通じないことはないのである。

＊

空《くう》ということは本来、この自分というものの思惑とは全く関係がないということである。われわれは何一つ自分の思惑でできることはなかったのである。

＊

みな何が忙しい。自分の都合のいい処ばかり泳いで渡ろうとするから忙しい。

＊

みんなこの我れというものにだまされておる。この我れの思案というものは、みなこれ迷いである。

＊

自分のために道を求めようというのは、とんでもない間違いじゃ。人間を道のなかへ投げ込んでしまう。道のために身を捨てさえすれば道ばかりになる。それが悟りというものだ。

＊

自分の満足するような悟りなどあろうはずはない。悟りというものは、これ宇宙いっぱいと継ぎ目なしになることである。自己も他己《たこ》も平等の利益でなければならない。自分というものが問題になっておる間は、これ仏道に相かなわぬものである。

＊

なにい！　貴様の一大事？　貴様一人ぐらいどうでもいいじゃないか。う、ふ、ふ、ふ。

（丘宗潭《おかそうたん》老師）

＊

出家とは人間の要求を蹴飛ばした処、人間の要求の継ぎ替えである。

＊

凡夫の方へ坐禅を引っぱり込まないでもよい。凡夫を坐禅の方へ引っぱり込みさえすればよい。そしてそれを何にもしない。

＊

仏道修行の体系のなかに自己がとけ込んで生きていくことが、人生の一大事であり、これぞ自己の脱落身心《しんじん》そのものであって他にはあり得ない。

禅は精神ではない　この肉体でいく

ある財閥がまとまった金を工面せんならんとき、私の話を聞いて——出来るときは出来るし、出来ぬときは出来ぬ。胴体で努力しますが、頭のなかの無駄な妄想がなくなりましたと。

＊

僕は精神的に頭を剃っているからと言って、髪をボーボー伸ばしている。それでは坊主の気持ちは分からぬ。頭を剃ったら剃った気持ち、袴《はかま》をはいたらはいた気持ちになる。私はそういう意味で袈裟を尊重している。

＊

悟りとは頭で悟るものではない、われわれの胴体ですることなんだ。つまり仏さまになる態度を練ることである。精神的というのはインチキをやりたがる。まず胴体をしっかりやろうというのが禅の修行である。

＊

行ということを意訳すると、宗教的生活ということです。

＊

心変じて身となる――生活の態度となる。

＊

一切経はポンプの迎え水みたいなものである。つまり永遠に古いこの真理を、めいめい自分の肉体で実際にやってみて、めいめいの生活態度によってゆすり出す。

＊

例えば布施とは欲しがらぬということである。金や物ばかりではない。悟りも欲しがらぬ、極楽も欲しがらぬ。欲しがらぬ代わりに地獄も嫌がらぬ。この布施ということを生活化する。「要らぬ」というヤツを生活にもってくる。そうすると命も欲しくないという、実に洒々落々《しゃしゃらくらく》たる一つの尨大《ぼうだい》な人格がコロッとそこに出てくるのである。

＊

学解《がくげ》ではなく、人格内容として生活（態度）として、道が伝わっていく。

＊

生活がすべて禅であるから、便所へ行けば便所で新しい生活を呼び戻し、風呂に入ったなら風呂で宗教生活を呼び戻し、いつでも真の生活に立ち戻らして生気を吹っかけようというのが、禅の真諦である。

＊

悟りは新たな概念の発見ではない。生活の新たな創造である。刹那刹那に永遠に新しい生活をしていくことだ。

＊

人間というのは寒いときに「ああ寒い、寒い」と言うと、余計に寒い。そのときにそっとしておるとそんなでもない。われわれは言葉にすることによって、余計それに囚われるのですね。

＊

柔術の扱心流の先生いわく「我が流派においてはスラリスラリと申しまして、そのスラリスラリということはどういうことかちょっと例えて申しますと、敵にまず右手を逆にねじられるともうどう仕様もない。そこで右手だけは敵にねじ折られても仕方がないと諦めて、左の手でスラリと新しい活路を開くのが、これがスラリスラリというのでございます。それが入門した日からスラリスラリでございまして、この八十の爺《じじい》になってもまだスラリスラリでございます」と。このスラリスラリというのがつまり生活の創造である。止まらず、滞《とどこお》らず、住せず、著せず、この創造のない者はこれは毎日行き詰まる。

＊

自分というものに囚われなければ、世の中は気楽なものである。自分というものに囚われて世の中を見るから問題が起こる。自分というものに囚われてお月さまを眺めるから、悲しく見えたり、嬉しく見えたりする。お月さまから自分を眺めたら間違いは起こらぬ。

＊

何にも後悔することはない。自分が負ければ向こうが勝つ。神さまから見れば同じことだ。

＊

行き詰まりは妄想より生じる。つまりめいめい勝手に囚われているのである。行き詰まりを払うには、宇宙の全景を一目《ひとめ》に見て宇宙のどこにも囚われぬ。行き詰まりの罪、そんなものはどこにもない。お前はお前でよし、衲《わし》は衲でよい。頭にとっての幸福が、足にとっての幸福でも何でもない。この宇宙の全景を一目に見る智慧さえあれば、われわれの既成概念による囚われの罪を消すのではなかろうか。

ナニッ安心《あんじん》？　いっぱい心配したらいいが

ナニッ、安心ッ。若い者のくせに今から安心して一生楽しようと思うているのか。せんど心配したらいいが。七十を越しても、衲はまだ心配しているわ。何をなまくらなことをぬかしているのじゃ！（法輪寺の老僧の言葉）

＊

仏法のためにわれわれは一生心配していかねばならん。どうしたら道のためになるか、私の一生はどうしたらよいか、そこから心配せんならん。ところがわれわれも年寄ると、坊主慣れして心配がなくなってしまう。

＊

坐禅したから腹ができて、心臓が丈夫になって図々しい人間になる――そんなアホなことはない。薄氷を踏むがごとく、戦々恐々として人生を危《あぶ》な危なわたっておるが、これは坐禅するからである。

＊

人の害にならない、妨げにならないということが、何よりも大切なことで、われわれの頭の使い処でなければならない。オレのすることがどれだけ人の邪魔になっておるか、知らなければ小乗にも足らん。凡夫外道《ぼんぶげどう》の最も劣等なものじゃ。

＊

よくよく探ってみると、自分の思うように自由のきくものは何もない。これは一生涯辛抱しなければならぬ。辛抱せんでもよいことは何もない。それは自分のものというものはないからである。

＊

この五尺の身体をおのれだと思っているから腹が立つ。こんなものは臭皮袋《しゅうひたい》、糞小便の容れ物だ。自分のものか、誰のものか、分からぬ。自分のものでないと知ったら、誰が腹を立てるものか。

＊

向こうの気心にそうような、人の喜ぶような、相手の安心できるような態度をとり、生活をする。それを手近い処であるいは夫婦の間に訓練し、親子の間に訓練し、生きながら死人となりて人の迷惑にならないように――。

＊

衲だってそうじゃ。死人にならんとむかつきかける。大体これ人の身体で、自分の身体ではない、共有品じゃと思って、死人に芸をさすと思って使うてもらう。

＊

我が身を捨てなけりゃ道は分からない。われわれは全身投げ出して、そこに初めて覚を得るのである。

＊

人間捨て身にはかなわん。どつかれとうてかなわん奴にはかなわん。

＊

すると生死透脱《しょうじとうだつ》ということは、命のいらぬことかしらと思う者がおる。けれども命を捨てるくらいのことは何でもない。森の石松でも、幡随院長兵衛でもそうである。俠客《きょうかく》の親分のような者はみな命が安かった。そうじゃない。生死透脱とは仏法の全体を究めることである。

＊

復員してから大火薬庫の爆発にあい、正直キンタマが縮み上がったことがある。今まで私は戦争中に胆力がすわっておるとか何とか言うて威張っておったが、国定忠治くらいの処で、バカ太かっただけの話である。それはよう考えてみると、向こうに相手があってこれと張り合うから勇気らしいものが出てくるのであって、ただ一人黙って坐っているとき、突然ぐらぐらときたら勇気も胆力もありはせん。身についた仏法の落ち着きは、国定忠治とは関係ないんじゃ。仏法はまた別の角度から修行しなければならぬ。このとき以後、向こうにいる相手と背比べする勝他（他に勝とうとする）の姿勢はやめることにした。

＊

まず坐れ。まずあわてるな。まず坐相をととのえろ。すべてが禅から出発して坐禅のなかから一切の生活を究め、一切の生活を透明にして出発する。

＊

凡夫が聖者になるんだったら、そんなものは有為法《うぃほう》である。だから坐禅は沙汰なく、ただ坐るというのが宗門の秘術である。その秘術はただ坐って無味淡白なのが取り柄である。

＊

坐禅があまり地味なものであるのに人間は派手なことが好きなものじゃから、その地味な意味がうまく受け取れない。人間から仏法を見て、それが仏法だと思ったら大間違いである。

*

諸法実相《しょほうじっそう》でないものは何にもない。諸法実相というのはそれほどきわめて淡白なものじゃ。ところが人間は、それよりもっと美しい綾模様の入ったものを欲しがる。

*

「ながき日や　あぐらかきたる　羅漢かな」（正岡子規）

この句を読むと、私は何やらノボセが下がるような気がする。これを地でいくのが坐禅である。

*

無量の妙義を一言でいえば無所得ということであり、平たくいえば坐禅は何にもならん、また何にもせんということである。

*

何にもならぬことが一生できるということは、まことに気楽なことだ。つまり何にもしようと思わないで坐ることから、何にもならぬ坐禅ができるわけである。私も何にもしようと思わず、とうとう今日まで来てしまった。

*

どこやらの念仏行者に「あんた念仏申して有難うないか」と言うたら、「何ともない」と答えたそうだが、私もその通り。みんな坐禅して悟りたいとか悟ったとかヤッサモッサやっておるが、衲《わし》は七十越すまで坐禅して何ともない。

＊

迷いや悟り、一切合切ごめんこうむったのが仏道というものである。

＊

オレが生まれて何になる？　偉そうな顔をしているけれど、別に何も大したことはない。一切のものが、これ何にもならない。これを無所得、不可得という。

＊

無所得——これが人間で一番美しい。

とざいとうざい　この人は戒律堅固でございますゥ

「澤木老師は寺を持つような俗僧とは違うのじゃ」と触れ回っている者がある。まことにご念の入ったものだ。感心する処があったり、ほめる処があったりするのは染汚《ぜんな》である。

その高尚なことを誰がした？　オレがした。オレなら何でもない話である。

＊

名利《みょうり》を離れて人に知られざらんとする処に、無限の生活がある。私は駒澤へ行ってから坐禅で月給貰うようになったが、おかしな話で、坐禅だけは自分で内緒でするつもりのヤツが、いつの間にか坐禅が商売になってしもうた。これはやはり修行が未熟なのである。

＊

良寛さんは位もなければ金もない。何もないのにどこが偉いのか。人間というものにちょっとも引っかかっていない。そして自分が偉うても偉いことを知らん。

＊

「あの人は偉い」と言われたら、それはもう宗教的でなくなってしまって見世物になってしまう。人に知られたらヘタクソである。

＊

井戸茶碗というのは、高ぶってもおらんし卑下《ひげ》してもおらん。何の作りものもなし、欲もなし気取りもなし、そんなこと忘れておる。その忘れた処、そこの処が茶人の珍重する処である。

＊

どれだけ親切にしても親切にし足らんという余韻のあるのが、本当の親切です。親切にするということをちょっとも知らん。つまり無念無想ということは、自分のしておることを本当は自分でしておりながら、自分では何とも思っていない。

＊

庭作りでも念の入ったのはだんだん作って、作って、作りぬいて、作らんように見えるように作って、これが一番上等だという。それならどれだけ立派な庭を見るより、本当の山を見るにこしたことはない。

＊

奇人であって奇人であると知っているなら、それは奇人ではない。奇人を商売にしておるのだ。奇人でありながら奇人であるということも知らん。いよいよもって奇人である。

＊

オレは天下一品の善知識だぞよと言いたい、思われたいのはチョッと幼稚な人。おのれは善知識でありながら、何とも思うておらぬ。それがいよいよ善知識なわけである。

＊

いかにも人に感心させたそうに持戒堅固に振るまう人がおる。こんなのを見ると、私はサーカス団の手品使いと同様に思う。側から口上《こうじょう》を言うてやれるものだったら「へい、この人は戒律堅固でございますぅ」と言うてやりたいくらいのものじゃ。

＊

人生も仏法も夢のなかの夢物語である。人に知らそうと思ったときには、それはもう間違いである。無言の行者が「ものを言わぬのはオレ一人じゃ」と言うたのと同じことである。

＊

「なおゆかし　声もなくゆく　時鳥《ほとときす》」

黙って時鳥が飛んでいくように、自己広告もせずに本当に自分でもって声もなく行くのには、よほどの宗教的内容がなければできない。これがすなわち悟道である。

＊

ある若い坊さんがいかにも「精進弁道《しょうじんべんどう》しております」と言ったから、私は「くたびれるぞ」と言った。頑張って積み上げていくものは常精進《じょうしょうじん》ではない。無所得でなければ常精進はないのである。

＊

求むる処のない蕪村の生涯――この求むる処のないということが、人間に一番清浄なことである。

身構えが生活全体にみなぎる

この法という声によって自分の生活を引っぱり出す。その生活が宗教である。宗教というものは、いわゆる理念ではない。知識でもない。正法によってこの血の塊、この細胞の塊、このバイ菌の巣を活動せしめ、その活動を肉体ながら本当の正法の動かし方に合致せしめる。この肉体の動かし方を「行《ぎょう》」という。

＊

行ということは水でもかぶって行をするとか、坐禅を行ずるとか思うが、そんなことじゃない。この生活を仏に引っぱられて生活することである。

＊

禅の行が難しいであろうという人があるが、行ということはわれわれの生活することである。つまり生活の態度である。道元禅師はこれを行仏《ぎょうぶつ》と言っておられる。坐禅を元として、この身体で一切の生活を訓練するのが仏道である。

＊

生活のない仏教というものは、これは死物である。一切の生活がこれ仏道でなければならん。

＊

どうかすると仏法というものが理念になってしまう。そうではない。仏法は構えである。それを「威儀即仏法《いぎそくぶっぽう》、作法是宗旨《さほうこれしゅうし》」という。ところがこいつをまた頭の悪い奴が取り扱うと、役者のように硬直した礼儀作法を真似することのように心得てしまう。坐禅というものはこの両極端を離れて、仏祖と波長の合《お》うた身の行から出発して、一切のことを自由に取り扱おうというのである。

＊

私の信仰はこの坐禅、坐るということを信仰するのである。威儀即仏法、作法是宗旨。この行が本尊であらねばならん。行なしに本尊とは言えないのである。私どもの本当の本尊は、われわれの生活の態度によって建立するのである。

＊

この頃自由ということと放逸ということを、間違うておるような気がしてかなわぬ。放逸が慢性になっておるのが、現代人のザマじゃないかと思う。便所でも食事でも一切の生活が、どれも射撃の狙いのように狙いを定めなければならぬ。

＊

正法《しょうぼう》を行じないことには、決して至道無難《しいどうぶなん》という事実はあり得ない。一切仏祖の教えによってただその通りに修行することが、至道無難ということである。

*

人生というこの私の素材で正法というものを顕現するということが、仏道の「行」ということである。坐禅は人生に顕現せる如来相である。

*

自分の行ずる生活が仏さまの教えに一分でもかなうように、戦々恐々として生々世々《しょうしょうせせ》、どこまでもこの仏の綱を引っぱるのが、われわれの修行である。

*

道元禅師は禅宗ともおっしゃらずに、いつも仏法としかおっしゃっておられない。なぜかというと、禅宗というばかりが宗旨ではなくて、飯を食うときは飯食い宗、便所へ行くときには便所宗、くしゃみするときはくしゃみ宗でなければならないのである。

*

成仏とは自分の現在おる場所で、まずおのれを全《まっと》うする。その時を全うする。その事を全うする。その場所を全うする。このすべての生活を全うすることである。

*

この全うするということを人間の生活に箇条書きに現したものが、即ち戒法というものなのである。だからそれは自己の仏性《ぶっしょう》が現前することである。

＊

修行とは、大工さんがその技術を憶えるようなことではなく、あらゆる時間を仏性をもって充実せしめることである。

＊

道というものを向こうにおいて頑張るのが行じゃない。一切合切がみなことごとく修行である。寝るのも修行、起きるのも修行、修行でないものが何にもなくならなければならぬ。朝から晩まで仏とみじんも離れる気遣いがないのが、すなわち仏道である。

＊

修行が悟りそのものであって、形が精神そのものである。態度そのものが道そのものなのである。威儀即仏法というのは、こうした身構えが生活全体に横溢《おういつ》することをいう。

いつも盛り返す力を与えてくれるのが宗教

人生とはみな夫婦喧嘩をしておる最中だ。誰か仲裁に来てほしいが、そう都合よくは来てくれない。そこで各人が、内面的にこれを持たなければならぬ。それがすなわち信仰である。内面的にいつも盛り返す力を与えるのが、仏教という宗教である。この内面的の観音さんと毎日相見《しょうけん》できるように、これを養ってこの観音さんがいつでも顕現する処の力があれば、自分の苦悩を救うばかりでなく、一切のものの苦悩を救う。

＊

念仏申して、そこから行ないが引きずられてこなければならぬ。

＊

いくら助かる法を聞いても、いくら高尚な悟りを開いても、悟りが天辺にあって修行の鳴子《なるこ》を引っぱらなかったら、われわれ衆苦充満。そこに引っぱるという手近い行がなければならぬ。

＊

つまり観音さんの澄んだ世界からこの生活を見、導き、生活によって澄んだものを工夫し、鍛練して、この自己を見失わない。

＊

高い見通しのつく処に立っておるばかりではいかぬ。その方角の分かった処へドンドン進まなければならぬ。方角さえ分かれば、どちらへ進んでも誤らない、どんな仕事をしてもうろたえない。

＊

坐禅が生活体系に活躍する。坐禅が活躍して生活体系にわたった気持ち。その澄んだ生活体系が直ちに坐禅である。

＊

高い高い道理を見たならば、低い低い行がなければならぬ。手近い手近い行がなければならぬ。

＊

王三昧《おうざんまい》とは生活を整理することである。生活を整理する処の根本魂である。これを宇宙と続いているとか、最高の自己だとかいうけれど、要するに生活をやり抜くために、それをふるいにかけたように整理して、少しも混じり気のないものにすることである。せねばならぬことはする、してならぬことはせぬ。

坐禅をするくらいの人は、小便の仕方も、飯の食い方も、下駄の音も、靴の音も、これ澄んだものでなければならぬ。入浴偈《にゅうよくげ》というのがあるが、これは坐禅が風呂に入るのである。

＊

悟りというものが箱に入っておるのではない。どう狂うても間違いのないものを一つそこに覚触《かくそく》[9]して、それから一切の生活をすれば、茶に遭《お》うては茶を喫《きっ》し、飯に遭うては飯を喫し、寝ても起きても転んでも、本当に明るい影の映らない生活が展開する。

＊

毎日、行き着く処まで行き着いた生活を踏まねばならん。小僧をしておれば、小僧を精一杯するのが行き着いたのじゃ。坐禅しておれば、坐禅に成りきっておるのが行き着いたのじゃ。茶のときは茶、飯のときは飯、働くときには全体に働き、寝るときには寝床のなかで全体に寝る。

＊

じゃから弁道はどこにでもある。小便の仕方にもある。くしゃみの仕方にもある。靴の足音にもある。宇宙いっぱいどこにでも弁道がある。

＊

中途の思いつきではいけない。父母未生以前《ふぼみしょういぜん》から人間を顧みる、自分を顧みる、人生を顧みる。人生とは一体何をするにあるかといえば、この父母未生以前を体得して、そこから歩みを進めることである。

＊

「いにしへの事を聞いても唱えても　我が行ないにせずば甲斐なし」（島津日新）

さらに一歩というのは、これは非常に痛いことである。しかし仏道は言葉ではない、具体的な行でなければならん。修行というものは、この仏道が具体的になることである。

＊

さあ、一切の生活が妄想《もうぞう》なし。前に仏もなく、後に凡夫もなく、迷いもなく、悟りもなく、仏の教えにぐんぐん引っぱられていくのが非思量である。ただ向こうをむいて行くばかり。

＊

仏道をわれわれの生活に利用してはならん。仏道から自己の生活全体が引っぱられていくことが大切である。

悟りということはね　損することじゃ

友達がみな薩摩の武士で、みな大臣やら郡長やらになっているのに、自分は口がなくて巡査になって……と一生ぼやいて暮らした奴がいる。大臣で暮らすのもよろしい、一巡査で暮らすのもよろしい。そんなものよりももっともっと欲しいものがなければならぬ。

＊

仏道という宗教を「撃《う》ち方止《や》め」と私はよく形容するが、対立のなくなったものである。背比べがなくなったことである。

＊

仏の教えによって、今最も真実な生活をしなければならぬ。人間の考えではいつも人間と人間の背比べばかりになる。

＊

われわれが仏性を充実するためには、どうしても無常を観じなければならない。無常を観ずるということは、われわれ人間の一生を意義あらしめるためである。

＊

無常を観ずれば、我が身のためにするよりは他人のためにしただけが得だ。この捨て身で人のためになる心が、すなわち無常を観ずることである。

＊

われわれは何か人のためにせずにおれんものである。一体人に物を貰うということよりも、上げることの方が気持ちよい。

＊

人のためにしただけが人間一生のもうけであって、自分のためにしただけがこの世一生の損な種まきである。

＊

科学文明というものは自然を征服するものだと思ってやっていると、自然が逆襲してくることがある。自分のためと思ってやってきたことが、とうとう逆襲してきて自分の害になったということが世の中にたくさんある。一生懸命に金をためて金さえあればよいと思っていると、そのお金のお陰で、とうとうドラ息子ができてしまったというのがある。そうすれば人のためばかり思ってやっておれば、利他にも逆襲がきて自分も利せられる。

＊

二宮尊徳いわく、銭湯へ入って湯が浅いからとこっちへかき寄せても、向こうの人の方へ送ってやっても、やがてその湯はこっちへ返ってくる。だから人のためが我がため、我がためが人のためになると。そこで継ぎ目のない洋々として限りのない大きな気持ちで、思いきって人のためにすることが菩提心《ぼだいしん》というものだ。

*

自利の極点では自利が天地いっぱいになり、いかなる処にも自分があることになる。つまり自分が立派なことをすればすべてを生かす。それは利他の極点である。また自分のためをちょっとも思わず人のためばかり一生思ってやっていれば、それは自利の極点に同じ。心安らかで何の不足もない人生になる。

*

菩提心というものは自分きりのことではない。我れと一切衆生である。

*

冷たい灰のなかに、真っ赤なオキを一つ置いたら消えてしまう。ところがオキを一つ処へ寄せておくとお互いに起こってくる。そのようなものがあなたのお陰、私のお陰というものである。

*

(男女問題の処し方について) ウムー、良い問いじゃ。それはなぁ、この女なら一緒に魂を向上させることができるという見当がついたら、恋愛しても結婚してもよい。つまり男女共に人格の高まり合うような関係であることじゃ。

＊

自分のものを人に及ぼすということは、ちょっと自分に損がいくように思われるけれども、人間の幸福ということは、自分の力を人に及ぼすことが幸福なのである。

＊

今までは自分のために一切を利用しておったが、今はこのオレの生活が一切のために役に立つ。一切のためにこれを放捨する。そこで一八〇度の回転があるわけである。

＊

めいめいの持ち場に真っ直ぐついた処が「おのれなし」である。その持ち場をいっぱいにやり遂げる処が「おのれならざる処なし」である。

＊

天地いっぱいの大きな心をもって、どこにでも自己を見出す。どこにもおのれがない。

＊

「我れといふ小さきものを捨てて見よ　[10]三千世界我が身なりける」（夢窓国師《むそうこくし》）

こうなると便所に行くときは、便所を掃除する人の気持ちになって小便ができる。風呂に入るときは、後から入る人の気持ちで入る。ものをやるには貰う人の気持ち、貰った人はくれた人の心を酌《く》む。そこが尽十方界光明《じんじっぽうかいこうみょう》という世界なのである。どこにも自分を見出すことができれば、この自分は天地いっぱいの自分である。

＊

具体的にいえば、われわれなるべく損をせんといかん。うまいことをやったらいかん。なるだけ縁の下の力持ちをやることだ。

＊

私は悟りということは損することじゃとよく言うが、迷いが得をする。頼母子講《たのもしこう》（金銭を融通し合う相互扶助組織）で当たったり、宝くじが当たったり、迷って得をする。しかし人間というものは得する必要はない。世界中のものがみな得をせぬでもいいというのであったら、いかにこの世界が平和であることか。

＊

仏法というものは、一切衆生のために仏さまが損をすることである。お釈迦さまを見たらよい。王族に生まれておいて乞食《こつじき》を行じられた。達磨さんでもそうじゃ。王族に生まれておいて乞食じゃ。こんな具合に、損する処だけより他には仏法はない。つまり得する処には仏法はない。

八十の寿命でなく　永遠の命に生きる

争いの因はわれわれの迷いである。みなどこかに矛盾を持っていて、割り切れぬものがわだかまっておる。この割り切れぬヤツが何かの動機でポッと出ると、大変なことになる。その根本はといえば「人生分からぬ」ということだ。

＊

私ら十三、四から煩悶しだして、十六のときには絶頂に達してしもうた。どうしようもない。この人生をどうしようか。この迷いの肉体を捨てればいいかというと、そうはいかぬ。やはり罪をつくるこの身体でやるよりしようがない。私もならず者になって親類の奴に出刃包丁を振り回して仇をうつような悪党になりそうなこの肉体で、これが坐禅するようになったというのは途方もないこれはもうけものじゃ。私ばかりではない。周囲界隈がもうけものじゃ。

＊

人間をいとうて人間をやめて仏さんになる。そんなことじゃない。人間ぐるみでなければならぬ。生死透脱《しょうじとうだつ》、生死を逃げだすんじゃない。この生死の世界がわれわれの働く舞台である。

＊

といっても生死に弁道するのではない、弁道の真っ只中が生死である。だから生死のそのままが解脱である。この生死、迷いの世界にあって、六道輪廻もこれ弁道である。容れ物ぐるみが弁道であるならば、ご飯を食べるのも銭勘定するのも、どちらへどう向いてもこれ弁道である。

＊

一切のものがみなことごとく真実であり、宇宙いっぱい真実でないものはない。花も人も月も水も、すべてのものがみなことごとく説法しておるじゃないか。スイッチをつけずに見ておるから、一切のものが迷いの谷に見えるだけじゃ。

＊

仏法というものは外を見るものではない、自分を見るものである。自分の成りゆきを静かに考えてみれば、無自性で得体が知れない。この人生に、あるときは即心即仏となり、あるときは即心即餓鬼、即心即愚痴となる。そこにおいてわれわれはスイッチをつけて、この即心即仏をピカピカに磨きをかけなければならん。

＊

人間って悪い人間がおると思うておるけれども、固定した悪人ってありゃせぬ。手の動き加減一つで盗人《ぬすっと》になったり、天人になったり、早変わりのできるものである。

＊

上がるも下がるもスイッチ次第じゃ。仏祖にスイッチをつけるばかりではない。地獄にスイッチをつければ人殺しもするし、欲を深くすれば餓鬼道にスイッチが入ったのである。

＊

[11]久遠実成《くおんじつじょう》の仏心が道草をして、ヒョッとものが欲しいと思ったのが餓鬼道である。

＊

金が欲しいとか、食いたいとか、出世したいとかいうのは、これは一種の道草で、元来禅というものは途中の道草をやめて、めいめいが人間本然の一番正しい正気に還ることである。そこから見たら、われわれは元から自分で生まれたんじゃない、自分で息しているんじゃない、自分で心臓を動かしているんではない。オレがオレで勝手だという、そんなバカなものではない。これを古人は天地万物《てんちばんもつ》と我れと同根一体と言うておる。

＊

われわれの修行ということは、毎日の自分の生活態度が仏の態度を学ぶのである。仏の態度を学ぶということは、学んでしまえば仏と一致することである。

仏さまの教えを容れ、この全身仏祖から引っぱられるということは、われわれがそのまま仏祖になることである。

＊

学問するということには、対象があるから頑張れる。また人間には見世物根性があるから、人が見ていると頑張れる。しかし頑張った後は淋しくなる。結局自分は満足できない。最上最高の宗教的な本当の自分の満足は、この人間の臭皮袋《しゅうひたい》を引きはいでしまって宇宙と自分とが一つになることである。この皮袋は人間の仮のサックにすぎない。このサックを引きはがして宇宙と自分とをブッつけていく。それにはウンと坐らなければ駄目だ。そうして宇宙と一つになった自分、本当に肚《はら》ごたえのある生活をしっかり踏みしめたときに、嬉しいといえば嬉しい、気持ちがよいといえば気持ちがよいのである。

＊

みな自分の皮袋のためにだまされておる。めいめい別々のこの皮袋が宇宙いっぱいと、そこに何らの抵触なく自由自在に生活する。ただその生活のしあんばいが、われわれの工夫する最も大事な処である。

＊

仏さんと同じ名で、同じ歳で、同じ顔で、同じ飯食って、同じ屁《へ》放って、同じに暮らすのが信心というものです。この仏さんと継ぎ目なしになるのにどうするかというたら坐禅する、合掌礼拝《らいはい》する。

＊

五尺の身体を五尺に使うのは、えらい下手糞《へたくそ》なのだ。五十年や八十年や百年の寿命で死んだらバカらしい。永久に死なない、永久に宇宙いっぱいの仏さまとちっとも違わない人間になるのが、仏道の行ちゅうことなのだ。

＊

われわれのこの肉体ぐるめの能力というものは限りがあるんです。それを超越して、それを無限に回向《えこう》するのが仏道というものです。

＊

五尺の身体を五尺に使うんでなしに、八十の寿命を八十で使うんでなしに、こいつを永遠に使う道がすなわち仏道の行というものである。

1　業《ごう》――人間が身口意《しんくい》でなす行為。およびその行為による報いをもたらし、凡夫的私をつきあげてやまない潜在的な力。

2 質直意柔軟《しつじきいにゅうなん》——すなおで心がやわらかく自由なこと。

3 即心是仏《そくしんぜぶつ》——今ここに生きているぶっ続きの命としての真実。

4 六道輪廻《ろくどうりんね》——衆生が業によってみずから作った地獄・餓鬼・畜生・修羅・人間・天上という迷いの世界を、流転してやまないこと。

5 光明蔵三昧《こうみょうぞうざんまい》——本来すべてが自己の光明としてある、その真っ只中を生きること。

6 至道《しいどう》——聖人も凡人もともに往来する天地いっぱい至極の道。

7 一撃所知《いちげきしょち》を亡《ぼう》ず——香厳智閑《きょうげんちかん》禅師が道を掃除していたとき、小石が竹に当たり、そのカチッという音を聞いて大悟して作った偈《げ》の初句。そのとき自分と天地の隔たりが取れて、聞く聞かれるの能所の対立がなくなったこと。

8 有為法《ういほう》——いろいろな因縁によって生じ、生滅変化して永続しないすべてのもの。作りもの。

9 覚触《かくそく》——はっきり覚めて実物すること。

10 三千世界《さんぜんせかい》——三千大千世界の略。古代インド人の世界観による全宇宙。

11 久遠実成《くおんじつじょう》——われわれの本心はすでに永遠の昔に成仏していること。

Ⅲ 観る

観る

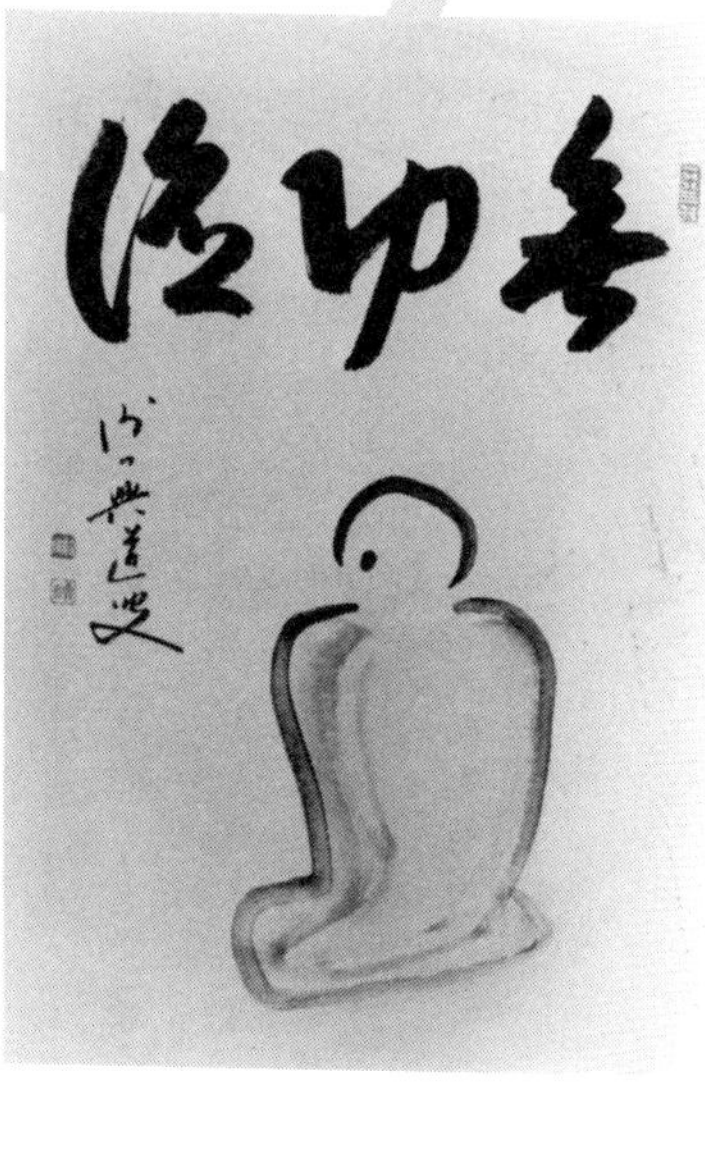

人生なあに　やってしまったら同じことじゃ

人生いかに生きるべきか――自分も分からん、カカアも分からん、子も分からん。こうして分からん者と分からん者とが、世界いっぱい満ちておる。

＊

「食えん、食えん」と言うので「そんなに食えんなら死んだらどうか」と私が言うと、「ウワッ！」と言った人がいる。働くために食うか、食うために働くか。たいていの人間は一生口に使われる。これはもう負け戦《いくさ》じゃ。われわれは何らかの使命のために命をつなぐので、そのためにこそ、どうしても食べなければならんのである。

＊

人間というものは、一体自分の生きていることを何に使うたらよいかという工夫がなければならない。さて自分は何のために生きているか。この人間に生まれたという意義を自覚して、人間に生まれたということが喜びでなければならぬ。

＊

ところがわれわれは何やらに囚われて、鬼ごっこして、好きなものが容易につかめなくて、ヤッサモッサして、そうして追いつかんうちに棺桶のなかにボソッと入ってしまう。

＊

われわれは好きと嫌いと二つ並べて、いつもその好きを追っかけ嫌いから逃げている。迷いということは「鬼ごっこ」である。肝《きも》が坐るというのはこの鬼ごっこがなくなったということである。たとえ身は苦しんでも、よいことを望むのでもなく、苦しまないようにするのでもなく、追っかけるものもなく、逃げるものもない。そこに本当の落ち着きがなければならぬ。

＊

美味《うま》いものをよって食って、ついに美味いものがなくなるというのは非常に悲惨な人生である。楽をよってしまったら、もう楽のしようがなくなってしまう。幸福ということは、自分が貧乏に生まれ自分が難儀をしたからである。そうすると実際は難儀が難儀でなし、楽が楽でなし、その何にもない処でヤッサモッサ大騒動してのたうち回っているのが、この凡夫というものである。さあ好きなものを追っかけるか、嫌いなものから逃げるのか――そこにジーッとしているのが一番幸福である。

＊

（病臥中に）衲《わし》は病気でも何でもない。ただ脚が動けないばかりだよ。こんなもの、どうだってええんじゃ。

＊

なにもわれわれ一生安心して暮らす穴を探すような、そんなおかしなものを探さいでも、毎日毎日が心配なのが本当であるならば、そこに安心があるじゃないか。

＊

個人持ちの悟りを得ようと思うのは大間違いである。大体私たちの身体がめいめい持ちで生きているわけのものではないのだ。したがって悟りは天地と我れと同根、万物と我れと一体のものでなければならぬ。だからどんなことでもめいめい持ちであるならば、どれだけ立派なことでもみなこれは妄想である。

＊

雨降らば降れ、風吹かば吹け、良いとも悪いとも決まっておらぬ。自分が勝手に呪うておるので、何でもないのです。この何でもないという処から出発せねばならぬ。

＊

何にもない世界に、われわれは何かあると思って一人でばたばたしておる。

＊

人情はあがきである。やめたらやまる。やめんからやまんのである。

＊

一切の差別の世界はみな夢幻空華《むげんくうげ》である。しかしその夢を夢とも知らずに、その夢のなかで大騒ぎをやっておるのがこの現世である。

＊

凡夫の方からいえば実相は何もない。いや諸法実相の真っ只中において妄想ばかり見ておる。

＊

なあに世の中に幸福もなければ不幸もない。夢のなかで別嬪《べっぴん》に惚《ほ》れられておるか、振られておるかというだけの違いである。覚めてみると何もない。ああそうだった。

＊

万象《ばんしょう》何が故にこうあるかということを尋ねれば、その何が故にということが自ずから尽《ことごと》く、何でもない。一体めいめいが何でこんなことをしておるのかといえば、何でもない。何だかしらんがこうしておる。

＊

人生は[1]無生《むしょう》の曲であるから何らの意味のあるものではない。じゃから甘いとか辛いとか、嬉しいとか悲しいとかいうのではない。ではどんな音色か——ララリヤ、リララ、何でもない。

＊

無とは、なしという意味じゃない。人間が認識することではないという意味である。

＊

「生より死に至るまで只這《ただこ》れ是れ」（石頭希遷《せきとうきせん》大師）——好きも嫌いも何もないのじゃ。

こうあるからこうある。憎愛は要らん。草は何とも思わずに生えておる。

＊

地獄の夢を見ても、極楽の夢を見ても、寝ておるのは寝ておる。夢は夢。そこの処に安心したら何のことはない、ぶっちゃかる気遣いはないのじゃ。

＊

夢というのは、汚いものでもいろいろのものが出てくるが、朝、目が覚めてみたら何もない。

＊

人生八十年、なあにやってしまったら同じことじゃ。

あなたが生まれてきた根本理由は何か?

若い頃、阿弥陀に向かって「衆生がみな成仏してしまうまで正覚《しょうがく》は取らんと言うたのに、オイ阿弥陀、ではオレをどうしてくれるんじゃ」と思ったが、これは衲《わし》の間違いであった。弥陀の主観には迷いはないのであった。

＊

一切衆生は悩んでおる。ところがお釈迦さまから見れば、悩まんならぬことは何もありはせぬ。それを勝手に悩んでおる。自分で悩みをこしらえて、泣いたり怒ったりしておる。

＊

何も問題にしなければ至道無難《しいどうぶなん》である。赤ん坊は至道無難であるのに、大人になるとどえらい難しい。大人ぐらいおかしな、ウソで固めたものはない。何もぐずぐず言わず、ありのままよそ見しない処、何のことはないじゃないか。世の中雨降らば降れ、風吹かば吹けじゃ。

＊

仏の方から見たら、迷いの衆生は一人もいない。凡夫の方から見たらみな迷いである。

＊

凡夫はめいめいに予定概念を持っておる。あんなのが幸福、こんなのが悟りというようなものを持っておる。そこでどうしても分からん。ソラこれが玄旨《げんし》[2]じゃぞよ、そんなものありはしない。ただ目のかざしを取り、耳くそを取って、ありのままで玄旨を見、玄旨を聞き、真っ直ぐに玄旨に触れさえすればいい。知ってからあるのじゃない。知らないでも玄旨はそのままあるのじゃから。

＊

求めず願わず、取らず捨てず、ただ性のままでありさえすれば、それが剣術の極意である。

＊

仏性というのは特殊なことをいうのではなくて、誰でもの本来の姿のことをいうのである。その誰でもの本来の姿であるということを、いかなる者にでも具足しておるというのである。

＊

[3]悉有仏性《しつうぶっしょう》、どれだけ迷うてもここから出る気遣いはないということが安心《あんじん》なんだ。

＊

いずれのものも本来大自然の生んだものであるから、それぞれが大自然の恩恵によって存在している。この大自然の恩恵が、結局そのものの本来のあり方であり、本来の面目である。

＊

山も惜しんでおらず、川も惜しんでおらず、互いにこれ布施のし合いっこで、そうして布施したとも知らないでいる。これは非常に美しい世界である。

＊

クソをたれたり、小便をこいたり、着物を着たり、飯を食ったり、生死涅槃《しょうじねはん》、四季の移り変わり、千変万化の自然現象——これらはみな仏光明の表情である。日常のあらゆるもののごとは、仏光明が十方を照らしていることであり、十方を照らしていればこそあらゆる現象がある。

＊

どの宗教の教えが優れていて、どの宗教の教えが劣っているといった具合に比較するということは、仏家《ぶっけ》にあってはならない。仏道は思想ではない。それは宇宙の事実であるからである。この事実は人間の分別判断の対象となることではない。

＊

凡夫の分別妄想をまぜさえせねば、目で見るもの、耳で聞くもの、鼻でかぐもの、舌でなめるもの、みな本分である。

＊

お多賀さんにある見ザル聞かザル言わザル、これくらいバカな話はない。相手を冒瀆しておる。このせっかくの耳は聞くための耳じゃないか、口は言うための口じゃないか、目は見るための目じゃないか。耳で聞くもの、目で見ること、口で言うものは、みな功徳でなければならん。

＊

目でものを見て、口でものを食って、鼻で息をして、これ大自在である。迷いというのは、この真実の自己を見失うておること。

＊

六塵《ろくじん》を悪《にく》まざれば、つまり何も冒瀆するものもなければ追っかけるものもなければ、それが非思量である。

＊

作りもののもやの取れた処が「一撃所知《いちげきしょち》を亡《ぼう》ず」——そのこしらえもののなくなった処、逃げず追わずただ元通り。そしたら何をか止むべく、何をか動ずべき。つまりその身そのままである。

＊

その身そのままというても、凡夫のその身そのままならやっぱり凡夫じゃ。そうではない。凡夫が凡夫を忘れたその身そのままが仏なのである。

＊

貴様一人に憂《う》き身をやつしているなら、仏法に似た悪魔である。この貴様が仏法から引っぱられて、貴様が手出しができなくなる。それをその身そのままという。

＊

元々からわれわれは「一生参学の大事《だいじ》ここにをはりぬ」（弁道話）であったのであって、何の不足があるか。それこそ眼は横、鼻は縦、何もどえらい難しいことじゃない。元の通りでいいのである。

＊

われわれ一切衆生がこの世に出てきた根本理由は何であるか。それは人生問題を解決することである。その解決とは何か。我れと衆生と同時成道《どうじじょうどう》――元は仏性を持ちながら、唯有一乗法《ゆいういちじょうほう》の真っ只中にあって、われわれは手探りしてヤッサモッサやっておっただけのことであると知ることである。

悟りたい？　そんなもの我《が》の飾りになるだけじゃ

仏道とは高い見通しのつく処に立って、低い処で乱れないことである。つまり天地いっぱいの自己をよく体得して、そうして日常生活の自分というものに立ち戻って少しもうろたえない。

＊

非思量のなかに葬式もあり、婚礼もある。非思量の真っ只中に夏もあり、冬もある。夏だからいいとか悪いとかいう問題じゃない。万別千差《せんしゃ》をこのなかから見る。

＊

オレというものは大体ないはずじゃが、怪我をすれば痛くてたまらん。この痛さはどこから来るのか。これは私じゃない。それは尽天尽地《じんてんじんち》、宇宙いっぱい痛い、それでお終《しま》いじゃ。

＊

人生一切、順は順の天地いっぱい、逆は逆の天地いっぱい。どこからどこへ逃げねばならん、追わねばならんということはない。私はこれを「撃ち方止め」という。順逆が存しなければ、そこがわれわれの行き着く処まで行き着いた境地でなければならん。

＊

それを宇宙の全景を一目に見るといっても、大きさの問題ではない。質の問題である。自分の妄想分別をことごとく絶対に否定してしまえばよいのである。自分の思うことは、これは間違い、あれも間違い、一切みな間違いと一切を否定してしまう。何もかもこれで打ち払っていれば、そこには何もない。つまり色眼鏡を外《はず》して見るということである。そしたら、ただそれがそれであるばかり。

＊

なあに、そのものがそのものであるだけのことです。ただあるものがある。一切のものは、何もこれでええとか悪いとかいうものではない。

＊

これは実相でない、これは仏性でないというものがあったら、それは実相でも仏性でもない。悟りとは森羅万象ことごとく実相となり、仏性となることである。

＊

このありとあらゆる無量無辺の事実が、すべて悟りであったのである。悟りとはあるときの、ある状態の、ある種の精神状態といったものではない。それは妄想である。そうではなく、この無量無辺の坐禅それが悟りである。

＊

あの修行でこの悟りを開いた、そんなことはない。ただ修行が悟りであるだけである。

＊

ところが、われわれは努力して個人持ちの悟りが欲しい。そんなものは我《が》というものの飾りになるだけじゃ。

＊

助かるに間違いない？　それは向こう（阿弥陀仏）の話である。こちらではそんな欲たらしいことは考えんでもよい。極楽参りのために念仏申すならば絶対他力ではない。

＊

このめいめい持ちの考えが入っておるならば、みなこれ夢である。

＊

南無阿弥陀仏を信じて念仏申しとれば、南無阿弥陀仏それ自身が、もうはや極楽なんです。

＊

思っても思わなくても、あなたの思惑と関係なしに坐禅が成仏なのである。

＊

仏になろうとも何ともかんとも思わんと、ただ坐るのが坐禅である。坐禅は徹底した人生の憩いである。

＊

「思い脩然《ゆうぜん》」（永平広録）とは、何ということはない。鳥の羽が一枚フワッと落ちるように、これはどうしようというわけではない。落ちる処へ落ちる。長生きしようと思うて、七十にも八十にもなって健康法しているのがある。そんなことせんでもええ。死ぬときには死んだらええじゃないか。

＊

死ぬということはまことに喜ばねばならぬ。別嬪《べっぴん》を見れば煩悩を起こす、餌を見れば煩悩を起こす。それは何かといえば、この身体が根本である。その原動力がなくなったら「ハハー納《わし》の身体も一生患《わずら》いがないようになった」とホッとするだろう。

＊

本心に立ち帰ること、これが人生の最大、最上、最高の仕事ではないか。その他のことはことごとく浮草のようなものであり、泡のようなものである。

貧乏せい　うまいことするな

「私も男一匹になるには坐禅でもして」と言うて来る人がある。そうすると私はいつも「なれやせん、男一匹には」と言ってやる。坐禅というようなものは、人間にとってはまことに時間つぶしの下らないことで、よっぽどの閑人じゃなければやれはせん。人間をごめんこうむった坐禅が、人間の考えるような坐禅でないことは決まっておる。

＊

坐禅は凡夫根性の企ての及ぶべきものでない。気宇が上がったり目盛りが上がったりするのは、娑婆の便《たよ》り、人間の技術である。

＊

禅というと何やらハハンとなるものじゃと思うておる。ハハンとなったらハハンとなったので禅じゃない。人間はこのめいめい持ちが欲しいんじゃものな。学問する者もそうなら、坐禅する者もそうである。めいめい持ちであるならば、どれだけ高尚でどれだけ偉うても、それは何でもない。

＊

小僧時代、悟りとうてしようがなくてやっていたら、笛岡凌雲《ふえおかりょううん》老師に「興道はん、そんなにあせらんでもいい。自分の鼻の先にクソをつけて、誰が屁《へ》ひった、誰が屁ひったと言うようなものじゃがな。いくら探し回っても見つかりやせん」と言われたのが、私の一生の土産《みやげ》になった。

＊

仏道というものはな、はしご段を一段二段と上るようなものじゃない。悟りがぼた餅をまるめて一つ二つというように、公案を一つ悟った、二つ悟ったと、数えていくものじゃありません。（笛岡凌雲老師）

＊

誰が悟りたい。それは私だ。私の計らいで悟りたいのなら何でもない話である。

＊

公案をいじくることは悟りというものをめいめい持ちのものにして、めいめい持ちの悟りを欲しがることである。悟りがめいめい持ちであるならば、天地いっぱいどころではない。

＊

全山ことごとく美杉で実にいい景色なのに、板塀を囲って杉の盆栽に凝っている金持ちがいる。人間はすべて個人持ちであるのが好きである。

自分のがま口のなかに入るものだけを実物と思っている。実物は天地に満ちている。

＊

自分も自分で積み上げたものも棺桶のなかから考えてみると、あら、オレのものじゃなかったと分かる。生きておる間ちょっとオモチャに貸してもろうておるだけの話じゃ。

＊

私は今時分の管長くらいのものは名誉と思うておらぬ。これ、釈迦の末孫じゃから、みな乞食《こつじき》を行じるのじゃ。どうせ宿のないのが当たり前じゃから、肩書があったり名声があったりするのは間違うておるんじゃ。

＊

「誰それに就《つ》いた」と、偉い人の名前ばかり言う。中身はどうでもいい。レッテルさえよければいい。

＊

坐禅することまでが人間が偉うなろうと思ってやっておる。仏道までが何やら忙しゅうやっておる。

＊

趣味が高尚にならないと華やかなものに目がいく。人ぐらい感心さしていいのなら、これはもう何でもない話である。仏法を知らん人が感心するのじゃから、世渡りで感心しておる。仏道修行とは、実に地味な淡白なものである。ほめる処がない。

＊

仏弟子のなかに刃《やいば》にかかって死んだ人もあるし、餓死した比丘《びく》もある。人間生活の果報がいくら拙《つたな》かろうが、それは仏道の間違いではない。仏法を人間生活の足し前にして、その満足を仏法の果報と間違えては困る。

＊

われわれの仏法というものは、自分を削って釈迦を肥《ふと》らかしていくということでなければならん。

＊

人間を仏さんの役に立てるのが出家であり、また信仰の道である。

＊

道元禅師に功利的なことは微塵もない。「なるだけ貧乏せい、うまいことをするな」とおおせられる。

修行とは　あなたの凝《こ》り固まりをほぐすこと

こわばっておる人間というものは、なかなか心がほぐれんものであるけれども、こちらが欲を離れて出かけると、向こうがヒョコッと変わることがある。

*

われわれ、こっちに行ってもあっちに行ってもぶっつかる。それは何でそうあるかというたら、硬直しておるからである。いわゆる[4]我癡《がち》・我見・我慢・我愛が突っぱっておるから、実に危ない。修行ということは、この硬直を揉みほぐすことである。

*

老人というのはたいてい過去にだまされておる。昔は金持ちじゃったというのが煩悶の種、昔は別嬪《べっぴん》じゃったというのが煩悶の種である。それがよみがえってきて身を苦しめておる。

*

頭のなかに凝り固まりのあるのが、一切衆生というものである。まるで岩の塊のように固まっておるのが、凡夫の性《さが》である。私の手近い言葉では「めいめい持ち」だが、このめいめい持ちというヤツがなかなか取れぬ。

＊

己見《こけん》というのは、めいめい持ち。めいめい持ちとは、自分だけのことを考える習性である。迷いということは、このめいめい持ちである。

＊

われわれは男は男じゃと思って凝り固まっておる。女は女と思って凝り固まっておる。あっちの凝り固まり、こっちの凝り固まり、どこへ行ってもそれが間口いっぱいに出てくる。この凝り固まりをよく揉みほぐすのが修行というものだ。その凝り固まりを取ったら、命くらい何でもない。この柔軟心《にゅうなんしん》ということをよく工夫すると、何の幅に囚《とら》われることも、長さに囚われることもない。一切合切がわれわれの引っかかりで、本来は何でもないじゃないか。こんな小さな幅のものに囚われずに広大無辺、宇宙いっぱいでいけばよい。信心するとか悟りを開くとかいうことは、この凝り固まりが取れることである。

＊

「我《が》」というものは、経験によって固まっている概念である。

＊

その我という小さいものを捨てて、あなたにも私を見出す。一切に、茶碗一つにも下駄一足にも、自己を見出す。一切のものを拝んで暮らす。これが禅の修行というものである。

*

親の身になり、妻の身になり、子の身になって暮らす。ここに親に、妻に、子に「自己」がある。

*

その仏法がどうしても分からないというのは、その者の智慧才覚が動くからである。不信の人は素直でないので、仏法を授かっても受け入れることができない。底抜けの素直さを身につけなければ、まことに仏法に入ることはかなわぬ。

*

お釈迦さんのような偉大なお方の前へ行って、本当に素直に頭の下がったときには、我《が》みたいなものは消えてしまう。おのれというものが全体すたってしまう。それは悟ったのではない、小さな我がめちゃめちゃになったのである。自分というものが顔出しできなくなった。

*

われわれどこに道があるかと探し回るが、誰も分からない。これもいかぬ、あれもいかぬ。そうすれば第一、そのおのれというものが当てにならない。そこでもう何も彼も尽き果てた処、断念した処にひょっと見た桃の花が動機になって、宇宙いっぱいの仏を拝んだ。つまり仏と霊雲《れいうん》禅師と継ぎ目なしになった、自分が仏になったわけである。

＊

それに対して、ものが二つあるということは仏道ではない。仏さんと私とが二つあるんじゃない。また大仏さんの背中に蠅がとまっておるように、われわれが仏さんにしがみついておるのとも違う。このまま宇宙いっぱいの仏さんである。仏さんとちっとも違わぬものが夢を見ておる。オレは金持ちやという夢、オレは阿呆じゃという夢、オレは男じゃ、私は女じゃという夢……男もなければ女もない、金持ちもなければ貧乏人もない。みんな死んで焼いてしもうたら、この灰は美人の灰、この灰はヘチャの灰、そんな区別はない。

＊

この本来の面目によって、われわれは日常生活を営み続けているけれども、この本来の面目の事実に行き当たることはあり得ない。例えば眼が眼を見ることができないのと同様である。

＊

三昧というのは能所の尽きた処である。あなたと私、目と目で見る色と、この二つがなくなったとき、行ずる者と行ぜられるものと、この二つが尽きた処である。

＊

私もない、あなたもない、山川草木も何もない。こっちがある間は地獄もあれば極楽もあるが、こっちがないから地獄もなければ極楽もない。

＊

信心の対象を見ないのが、大安楽の法門である。ものを向こうに見ない。ものを向こうに見れば、これは因縁生《いんねんしょう》になる。

＊

信心とは常住の理を信ずることであり、永遠の真理を信ずることである。そしてそれは人間の考えを息《や》むることである。

＊

釈尊の時代、全く取るに足らない愚暗な老僧であったり、売春をなりわいにせざるをえなかったような人たちがどうして悟道したのであろうか。それは彼らは決して疑念を持たなかったからである。別に智慧があってのことではないし、学問があったり、説法を聴聞してというものではない。全然疑うということがなかった。その正信《しょうしん》の力によって悟ったのである。

凡夫にして仏　この躍動と深さを生きる

5 不浄観《ふじょうかん》を観じたら何になる? 世の中が薄汚くなるだけである。美しいものを汚《きた》のう見んならんとはご苦労なことで、別嬪《べっぴん》は別にあなたの修行を邪魔しようとして別嬪であるわけでなし、別嬪は別嬪そのままでいいわけだ。

＊

心猿意馬《しんえんいば》というものは、相手になればなるほど、それがますます鎌首をもたげてくる。人間というものは坐禅しようが、念仏申そうが、戒法を持《たも》とうが、年寄ろうが、これは煩悩の塊でどうにもなりはせん。それを何とかなると思うて猛修する者がおる。それは無念無想ではなくて興奮というものじゃ。

＊

われわれは追いつめてみれば何もありゃしない。その元の元をたずねれば、アメーバーか、精虫か、男でもなければ女でもない。ところがわれわれは、中途半端に覚えた人間の作りものが間口で邪魔しておる。別嬪とかヘチャとか、迷いとか悟りとか、一切の値段づけ、これ夢である。これ幻である。しかしそれがなかなか忘れられないのが、人間の苦悩なんじゃ。そして煩悶している。何が煩悶か。結局それは自分だけの話なんじゃよ。

何ものにも囚われない。何ものにも引っかからない。どんないい処でも滞《とどこお》ったら駄目だ。カビが生える。「まさに住する所無くして、しかもその心を生ずべし」（金剛経）――そこで初めて縦横無尽に働く。

＊

仏というも心田《しんでん》の穢《けが》れ。仏とも法とも何ともかんとも言わないでも、一切万物がそのままそっくりそれではないか。

＊

火と言うても口は熱うない。水と言うても喉の渇きはやまない。じゃからみな名字の相を離れ、諸相は非相である。

＊

一切合切のものが世間並みで言うか、仏法で言うかという違いがある。確かに一切名前通りのものではないわけである。しかしその意味をよく体得してみると、その名前までがまた真実なものである。

＊

世の中は何ものも二（差別）と一（平等）の交錯《こうさく》である。二にして一、一にして二という一時もとどまらない躍動がある。

＊

定《じょう》（平等）に傾けば単調になる。慧（差別）に傾けば複雑になる。いつも単調なのは単細胞の言うことだし、複雑一辺倒なら頭でっかちの言うことだし、単細胞にならず頭でっかちにならず、この二つが統一して、しかも生活のなかにどっしりと入っていて自由自在の働きをする。それが釈尊四十余年の説法でもあるし、釈尊ご一代の生活でもあったのである。

＊

空とは無限を抱擁《ほうよう》した無の体系である。一切衆生を除いて仏教はない。

＊

楽屋から舞台を見、舞台から楽屋を見る。そうすると有は舞台、空は楽屋である。楽屋なしに舞台があるものじゃない、舞台なしに楽屋があるものじゃない。

＊

色即是空、空即是色とは、色空未分。これは未だ分別以前のいきいきした全体がここに露現しておるわけである。

＊

その全体、私が世界を生きるありさまを観ると、水に映った顔はオレだ。しかしオレはあの水に映った顔じゃない。そこに我れと彼（世界）との無限の交錯、不可思議の躍動がある。これが仏教から観た人の世を生きる姿である。

＊

そういう人間と仏法というものは、まことに深遠不可思議なものである。凡夫と仏と同居しておる。仏の他に凡夫もないし、火宅の他に露地（煩悩を脱け出た場所）もない。

＊

この肉体によってしくじった者は、肉体によって発心《ほっしん》する。それじゃからその身そのままという言い方もある。

＊

「松かげの　暗きは月の　光かな」

坐れば坐るほど、三昧と凡夫が同居しておることが分かる。そこに世界を見るような非常に大きなもの、複雑なものがある。

＊

坐禅していると湧いてくるのは妄想《もうぞう》ではない。自分の内容が浮き彫りに出てくるのである。ハハア、オレにはこういう内容があるか、ずいぶんつまらぬ内容だなと思ったらよい。その内容のなかには鬼もあり仏もあり、餓鬼もあり畜生もある。地獄も極楽も千変万化の内容がここにある。よく自分が映っている。静かにその三昧のなかから見れば、天台の一《いち》[6]念三千《ねんさんぜん》も、倶舎《くしゃ》[7]の七十五法も、唯識[8]の百法も、みなことごとくその内容を図に写したにすぎない。

*

凡夫のものをたくさん持っているから悪いかというと、ただ持っているだけで通り雲のようなものである。鬼が出ようが蛇が出ようが、何も後に残らない。それだから別嬪さんが出てきた処で、坐禅しておったらスーッと通り雲のように行ってしまう。十年も二十年も思ってはいない。

*

生すなわち死、死すなわち生。それは夢幻だからである。われわれ生きておるということが夢まぼろしである。死もまた夢だから生死は同一事である。

*

瞬間瞬間が初対面で生まれ、瞬間瞬間がお暇乞《いとまご》いで滅す。じゃから生と死とは同一事なのである。

なあに去年死んだって差し支えない人間じゃないか

人の顔を見て憎らしい顔をしよるなと思うことがあるが、よく考えてみると、先に「あん畜生、バカにしやがる」とこちらでこう思っているから、向こうでもこっちを憎んでいるのである。こちらの感じは、よう向こうに反射するものである。

＊

みな煩悩という業《ごう》によって、いわば色眼鏡をこしらえてその色眼鏡ごしに眺めている。自分にとっていい世界、悪い世界というのを、めいめいが自分で作っている。

＊

この目で見たというけれども、そいつが怪しいんじゃ。どんなのが良いのか、どんなのが悪いのか、そんなこと決まりはない。寒いとか暑いとか、勝ったとか負けたとか、修行の足らないその内面から見ると、いろいろなことがある。これはめいめい違う煩悩と業によって組み合わしたもので見ておる。世界はその組み合わせによって現れるわれわれの感じである。

＊

昔、人のカカアをとって逃げたという自分の煩悩と業とのエキスがフィルムとなって、自分が病気で寝たきりになった今、この別嬪《べっぴん》の婆さんが男と浮気しているのじゃないかという幻影が、まざまざと立体的に浮き彫りになって現れる。世間はみなこの業感のフィルムで幻影をみずから描きだし、この幻影に向かってヤッサモッサやっているのである。

＊

われわれの毎日毎日が、そんな喜怒哀楽の妄念でうじゃうじゃになっている。渋谷や銀座、新宿のうじゃうじゃよりも、もっとひどいものをわれわれは自分のなかにめいめい持っている。それというのもすなわち過去の悪業が多く重なって、そうならざるを得なくなったのである。

＊

これは因縁生《いんねんしょう》の自分じゃ。今ちょっと迷う材料がないからじっとしておるが、他で迷う原料がたくさん入っておる。

＊

何やらの和讃に「造悪人の最期には、壁も柱も戸障子も、鬼の姿となりければ――」というような文句があったが、いよいよ悪業《あくごう》の人間の臨終になると、つまりはっきりした意識がなくなると、一切のものがみな自分を責めるようなものに見えて七転八倒の苦しみをするという。これは実際にそうなんじゃ。

＊

おのれを明らめざるために、一仏乗《いちぶつじょう》の車に乗りながら煩悩と業の夢を見ておる。たった一つのもの、それを毎日われわれは六道輪廻しておるのである。

＊

煩悩が起るということは、無自性《むじしょう》の何にもない真っ只中に起こる。これは因縁生なんだ。ソレに似ておるにすぎんのじゃ。

＊

暑かったり寒かったり、嬉しかったり悲しかったり、みな前の生活との差引勘定でそう感じる。それを因縁生、無自性という。あるのでもないが、ないのでもない。

＊

人生に幸福も不幸もない。めいめい主観的事実であって、どれだけ幸福のなかにあっても苦しんでおる奴がおる。

＊

どんないいことがあっても、こんなこともあるものじゃと思っておったらいいのじゃ。どんな悪いことがあっても、こんなこともあるものじゃと思っておったらいいのじゃ。別に大したことはない。

＊

人間は[9]四大仮和合《しだいけわごう》の身体、その身体を究尽《ぐうじん》してみると最後は何か――「法身覚了《ほっしんかくりょう》すれば無一物《むいちもつ》」（証道歌）だ。無一物ということをよく見てみると、さあどうなったらいい、どうなったら悪い、そんなことはどうでもいいわけである。なに去年死んだって差し支えない人間じゃないか。なにも生まれて来んだっていい。さあネコに生まれたって、ウマに生まれたっていいじゃないか。あれはあれでいいんじゃ。

＊

この身体ということをよく承知して、この身体がウソということになったら、死ぬということもなければ生まれるということもありはしない。よく考えてみればこの身体は夢である。本物はない。あるような気がしているだけの話である。

＊

何事があっても、この「無限」という尺度に合わしてみれば何でもない。よそから物を貰った、ウアー嬉しい、嬉しさに似ている、何でもない。

＊

お釈迦さまが「汝がものに非ざれば取ることなかれ」と言われたので、方間比丘《ほうげんびく》「分かりました」とこう言うた。どう分かったか。一切の諸法はことごとく我がものにあらず。そうすると取るものは何もない、てんつるてんの尊《みこと》なのじゃ。

*

あなたのものもなく、私のものもない。生きておる間ちょっと預からしてもろうておる。

*

勝った負けた、得した損したなどと言っているのは、海の波のきれはしを勘定しておるようなものである。増えも減りもせんものを、千波万波のはしだけを見て、その波のまにまに動いておるのが凡夫の思案である。

*

男や女を超越し、金持ちや貧乏を超越し、一切のものを超越してみたら、そこに何があるか——みなこれ芝居じゃ。仏までが夢じゃ。悟りまでが夢じゃ。何もない世界から人生をのぞいてみれば、みなこれ夢裏の万境で、取りとめのあるものは何もありはしない。

*

夢が覚めてすぽっとして、もう迷わんなんて、そうはっきりくっきりいくものではない。カニがブクブクまま（飯）炊いているように、あるかと思えばない、ないかと思えばある。この夢のなかで修行するのがええ。夢に向かってしんみりとな。

＊

われわれの一代記も、雲の行方《ゆくえ》と同じことじゃろう。いつまでも同じことはありはせん。そこが空《くう》である。何ともない。

＊

ここへ来て、あの鷹ヶ峰をごらん。この頃はな、あの鷹ヶ峰が衲《わし》を呼んで、興道や、興道やと言うのじゃよ（晩年、窓辺をさして）。

寂光明士のなか　月給という鎖でくくられている

「我れこそはナンのタレ兵衛だ」と言うが、なかったものがヒョッコリ分からないなりに生まれ、分からないなりに呼吸し、分からないなりに色気が出て、分からないなりに嫁を貰って子ができる。

＊

幸福がどうとも不幸がどうとも、美味いなとも味ないとも、一切のことにわれわれが意識をついやさぬでもいい。美味いものを食ったあげくがまずく、まずいものを食ったあげくが美味いのである。畢竟空《ひっきょうくう》ということである。

＊

一切の諸法はみなこれ因縁生《いんねんしょう》というもので、どうしてもそうでなければならぬということはない。ここの障子は、なにも障子にせんならんことはない。なくなってもよいわけだ。この無自性で何の引っかかりもないことを皆空という。

＊

皆空を皆空とすれば、そこが[10]寂光明土《じゃっこうみょうど》。どうでもない。それを人間という奴は、バタバタ逃げたり追うたりしている。本当は逃げんならん処も追う処もないのである。

＊

寂光明土の真っ只中において、月給という一つの鎖でくくられている。

＊

無駄な意識を漏失しない、無駄な生活に引っぱり回されないことが大切じゃ。ところが人間はほめればつけ上がるし、ほめなければ寂しがるし、食わせれば食いすぎるし、飲ませれば飲みすぎるし、ぐるり界隈のいろいろなものに引き回されタライ回しにされて、フニャフニャのクニャクニャになってしまって取りつく島がない。

＊

真っ黒い犬が真っ白い犬に向かって「白よ、白よ、白い犬は死ぬと今度人間に生まれ変わるということじゃが、結構なことじゃ。人間に生まれたら、茶碗で飯食って二本の足で歩いて、いいことじゃのう。オレはこの通り真っ黒じゃから、いつ人間に生まれることやらさっぱり分からん」

そうすると白が涙ぐんで「おう、みんなそう言うてくれるし、オレもそう思うておるが、しかしオレには一つの悩みがある」

「何が悩みか、人間に生まれたら結構じゃないか」

「いや、人間に生まれても、土用のうち三遍ずつ食わんならんあの糞というものが、人間界にもあるのか心配でならぬ」と言うたという。

犬と人間ではその境涯が違う。犬の目から見ればこそ、糞を食わぬと暑気あたりする。しかし人間になったら、誰が糞など食おうと思うものか。全く凡夫に仏法を説くのは、色気のない赤ん坊を口説くようなものだと、西有《にしあり》禅師も言っておられる。

＊

みなお茶やら、饅頭やら、なぐさみもんばかりでごまかして行きよる。人知れず取り出し取り出して、煩悩のおさらいをしよるじゃないか。

＊

馬が馬以下の行ないをすることはない。ところが人間は人間以上になれるくせに、堕落することばかり稽古しておる。

＊

どうせ死ぬ者が、ただ金が欲しい、ただ美味いものが食いたい——死ぬまで金を貯めておる。死ぬまで食い物を貪《むさぼ》っておる。それがために衆苦充満。

＊

金を持って偉い者になったと思わずに、オレは銀行の窓口とあまり違わんなと、こう思っておる者はめったにない。

＊

一切衆生というものは、みんな間違うてグループ呆《ぼ》けしておる。金だって、なにもそうよけいに要るものではないんじゃが、金が欲しいというのもこれグループ呆けである。出世がしたいのもグループ呆けである。

＊

人生何ものにも呪禁《まじな》われない、というほどの人間にならぬと駄目である。呪禁われてたまるか。ハゼではあるまいし、餌ぐらいに呪禁われて針に引っかかってたまるか。しかるに凡夫にこの呪禁いが大変よく利くのである。ここにわれわれの修行の要がある。修行とは何をするかといえば、この呪禁いの毒薬を排除することである。

＊

こののんびりした大自然の真っ只中において、人間だけはいつもあくせくしている。われわれはこの食い違いを参究せにゃならぬ。どうしたら幸福、どうしたら不幸、そんなこと考えることそれが食い違いなんだ。

＊

人間というものはあっちに逃げ、こっちに逃げ、逃げ歩いてばかりおる。どこまで逃げたらよいか——棺桶のなかまで逃げ込まなければ片づかん。

＊

逃げて逃げおおせるものでもなし、追っかけて追っかけおおせるものでもない。そこでその身そのまま、仏法に安住するより他にしようがない。つまりこの娑婆を極楽にしようというのが、仏法の根本である。

＊

日が照れば日が照るでいい、雪が降れば降るでいい。この個人持ちでないバラで眺める景色——しかし人間というものは自然というものは嫌いで、作りものが好きである。

＊

その身そのままで、いつも一如の光明で輝いている。それをさまたげるものは自分があれこれとたくらみ計らいをやって、心力を労するからのことじゃ。カラッポで一切のものを見たり聞いたりして、別にそれをどうしたいということがなければ、どうもないものである。

＊

悠々と飛ぶ鶴は安心とも言うておらぬ、迷いとも嘆いておらぬ。何ものも追いかけていない、何ものも逃げていない。

＊

一切合切、世の中にあることは知れたもんじゃ。金持っても知れたもん。出世しても知れたもん。美味いもの食っても知れたもん。人がえろう感心しても知れたもん。災難？大したことはない。良寛さんも「災難に逢う時節には災難に逢うがよく候。死ぬ時節には死ぬがよく候。是ハこれ災難をのがるる妙法にて候」と申された。

＊

目をとじて往昔《おうしゃく》を思えばみなこれ空じゃ。今日から見たら良かったでもなければ悪かったでもない。

オレのはたにそう居《お》りたければ　褌《ふんどし》の虱《しらみ》になれ

いかなる善知識でも愛惜しない。いかに仏でも法でも愛惜してはならん。無外という和尚が、西有《にしあり》禅師のおそばを離れるときに泣いたという。そのとき禅師の言うことが面白い。「ウン、貴様、オレの肉体のはたにそう居りたいか。そう肉体のはたに食っついて居りたければ、褌の虱になれ」

＊

男は男を忘れたらよし。女は女を忘れたらよし。金持ちは金を、貧乏人は貧乏を、坊主は坊主根性を忘れたらよし。そこで所知《しょち》を亡じた処に、真に仏法が現れる。

＊

この世界を死んで眺めるということが大切である。棺桶のなかから見物したら、この世界は面白い。人間が生きている限り、この世界は妄想の世界である。人間が死なければ、この世界は生きてこない。

＊

この当たり前ということがなぜ難しいのか。われわれは習慣というものにだまされておる。坊主になると坊主ぐせがついて、この坊主ぐせにだまされる。それから時代にだまされる。場所にだまされる。そこに錯覚を起こして「私のように運の悪いもの……」と言うて泣いておる。しかしそんなことは何でもない。自分の他に幸も不幸もないのじゃ。

＊

人生はわれわれに毎日起こる概念の夢である。好くといえばこの人生は好感が持てるが、また嫌いだと思えば嫌いになる。しかしながらどんなに好きでいてもすぐに飽きがくる。

＊

人間万事塞翁《さいおう》が馬。幸福が不幸、不幸が幸福。幸福でもなければ不幸でもない。好きでもなければ嫌いでもない。どうなけりゃならんということはない、どうでもええ。それにヤッサモッサやっているのが人生である。

＊

人生というものをバラバラにしてみれば、われわれの幸福だとか不幸だとか、好きだとか嫌いだとか、地獄極楽、悟り迷い、そんなことは何でもない話である。われわれはベタ一面の如々なる一真実のなかで、寝言を言うておる。

＊

人生とはこれ芝居じゃ。今オレは下働きの役をしておると思ったらいいけれど、それを本当と思うものじゃからバカらしい。本当の大臣だと思うから威張る。そして汽車一つ乗り遅れたといってワンワン泣く奴もいる。

＊

人生多く作りもので何らかの着物を着せた概念を持っておる。ここに自証自悟して素っ裸の世界、作りもののない世界を見る。それが仏法というものでなければならんわけである。われわれの覚えたことをなくしてしまう、聞いたことをなくしてしまう。われわれは覚えたことにだまされておる。習うたことにだまされておる。

＊

本当は人間は何でも道楽でやっている。それをふっと二度目に考えたとき、横合いから名をつけたとき、オレがこれくらいしておるのに何とか思わんかと業《ごう》（原因となる行為）は報（むくい）を知り、報は業を知って汚くなってしまう。だからマッサラにならにゃならん。ありのままでないのはこの業、我執である。人間はこの業に流されているのである。

＊

何かをつかんで、これでいいということはない。すべてのわれわれの作りものをやめた処に、道があるのでなければならん。

＊

「もしこうなったらどうなるのですか」と、議論を吹っかける奴がいる。「どうということはない。終《しま》いには死ぬのだ」と答える。ああなったらどうなるかなどは、みな作りものの取り越し苦労だ。

＊

人生、戦争と一緒で忙しい。どこそこに敵がいるというのでパンパンとやっておったのが、撃ち方止めーッ。この「撃ち方止め！」が坐禅でなければならん。

＊

われわれ目耳鼻の習慣があるので呆けてしまう。それを真っ白な白紙にする必要がある。坐禅という大空無雲の世界からじっと下界を見ると、それが鮮明になる。

＊

この広大無辺な事実がわずかにあることを知るとき、ここに一切の凡夫の持っておった相場がくずれてしまう。何とかいう手合いが戦犯で刑務所に三年入っておる間に、勲章や星が何にもならん裸の人間を見たということがある。

＊

我れにあらざる我れ、思いにあらざる我れ。仏と継ぎ目がないこの広大無辺の我れに照らされていくのが信仰です。

全宇宙いっぱいが　ただ一つの正覚《しょうがく》である

われわれは本来授かって生きているのであって、何の不足もない。至れり尽くせりである。そしてそれに一向に無関心であって、それの圧迫を感じたこともない。つまりナンともカンともない。この生きている様を無功徳という。寸法はとれない、無相の身である。

＊

今の呼吸はどこから来たのか。腹が立つという、さあどこから来たか。色気が起こった、さあどこから来た。詮索してみたって、拠って来た処がありはしない。ポーッと花火が上がったようなものだ。何のことはない。じっとしておったらそれで済む。悟ったと思っても、何のことはない。スーッと花火のように消えてしまう。悟りならず、迷いならず、もう迷悟善悪を超越しておる。

＊

どこからどこへどうしようと思うことも何もなければ、何ともない。金持ちも貧乏もない、器量のよしあしもない。そこまで遡《さかのぼ》ってそこからそれを地で行くのが、われわれの祇管打坐《しかんたざ》である。

＊

例えば金に煩悩を起こす種があるのかといえば、お金は無心である。別に香水が煩悩を起こさせようと思ってプンプン匂うたのではない。こっちも無心ならば何でもないのじゃ。

＊

ヒノキはヒノキで脱落しておる。山は山で脱落しておる。人間だけが、「ワッこれは何億円方あるぞ」と言うて相場を踏んでおる。

＊

ただウナギの匂いが鼻へ入るだけ、ただ目に別嬪《べっぴん》が見えるだけ。人間が入っていなければ何でもない。それで放ったらかしておけば何ともない。

＊

「野鳥自《みずか》ら啼《な》き　花自《おの》ずから笑う」——これは何の分別もない。一つ澤木に聞かそうかなとも、ヤボな奴じゃな花を見んかとも何とも思わず、ただ啼きただ咲いている。みなただ、自分が自分を自分しているのである。

＊

一切の万法《まんぼう》、風が吹いて花が散るのも、これ実に静かである。雨が降って、上等の衣が濡れるからと言って苦しむのはこっちの話で、雨の方では静かである。

＊

澤木さんは鼻が大きいと言われたが、鼻は大きいぞよと言ってもおらんし思ってもおらん。黙って大きい。そうして見直してみると、一切合切のものがどれもこれも[11]不思量にして現じておる。それを実演するというのはおかしいが、本当にやらかすのがつまり坐禅というものなんじゃ。

＊

一切のものがオレは上等の陶器じゃからとも、オレは安物の花瓶でとも、何とも言わん。黙っておる。これはみな無自性だからである。

＊

一切のものは、山も川も畳も障子も、みなそのままが真実である。万物を眺めてみれば、万物はみなとっくに仏身でやっておって、そしてその悟ったなどというような片鱗は、とっくの昔に忘れてしまっているのである。

＊

悟りというような対象のなくなった世界が仏道である。これはどこにも鬼ごっこがない、敵がない、味方がない。すると世間の人は、仏教とはまるで張り合いのないものだと思う。

＊

智慧ということは頭の回転ではない。頭の回転ということは自分が中心になっているが、智慧はその回転の中心がない。すなわち自分というものがない。だから智慧には自分のため、自分が救われるためといったことはない。

＊

屁《へ》をひったら臭いというのは実相ではないか。この時間空間いっぱい、そのなかに実相でないものは何もない。色の白いのが良くて、黒いのが悪いか。何もどっちと決まったことはない。白は白で黒は黒で、この法は平等にして高下あることなしじゃ。

＊

この光明はもともと、どこどこにはあり、どこどこにはないということではない。大体これはあるとかないとか、現れるとか消えるとかいうことが、みな光明であったのである。そうすれば取ることも捨てることもできない。その取ることも捨てることも、光明であったからである。

＊

六塵《ろくじん》を悪《にく》まざれば、つまり非思量であるならば、一切合切何でもこの全宇宙いっぱいが、ただ一つの正覚《しょうがく》である。じゃからめいめいの踏みしめた処がお浄土でなければならず、一切のとき、一切の処が、行き着く処まで行き着いたのでなければならん。

*

仏道は宇宙の真事実、大自然の真実であるから、ありとあらゆるものは仏道の真実を表現している。

*

雪舟が山水を描いておるのも、仏を象徴しているのである。一切の森羅万象がみなことごとく仏である。しかもそれは一つの悟りである。

*

元からあった通りの宇宙を仏という。宇宙は一大[12]曼陀羅《まんだら》、宇宙いっぱいが仏道の壇である。どこを見ても曼陀羅であり、一切の音声は陀羅尼（真言）でなければならん。

*

この仏とか道とかいうものは自由自在で、何にでもなる生地のようなものである。だから紙に描けば、鬼でも蛇でも何でも出てくる。しかしそうしてしまったら固定してしまう。そこでわれわれは即心即仏を生きたものとして工夫せねばならん。

*

一切が仏道であって仏道でないものは何もないが、その仏道は称《とな》えごとやお決まり文句ではいけない。いつもこれは新しい。

1 無生《むしょう》—空に同じ。生滅変化を超えていること。

2 玄旨《げんし》—幽玄微妙な趣旨の意で、至道のこと。

3 悉有仏性《しつうぶっしょう》—有りて在るものは、そのどれもこれも天地いっぱいの命という、完結したあり方をしていること。

4 我癡《がち》・我見・我慢・我愛—四惑という。人生も自分のあり方も何も分かっていないこと（我癡）、自分だけの見込み考え（我見）、自分中心に人と背比べすること（我慢）、我が身が一番可愛いこと（我愛）。

5 不浄観《ふじょうかん》—色欲を制するため、屍《しかばね》となり次第に腐敗して白骨となる姿を心中に観想すること。

6 一念三千《いちねんさんぜん》—一刹那の心のなかに地獄も仏もあらゆる性質（三千の法）が備わっていること。

7 七十五法—倶舎宗《くしゃしゅう》（倶舎論）において、一切諸法を分類して五位（色法・心法・心所有法・心不相応法・無為法）七十五種としたもの。

8 百法—法相宗（唯識説）において、一切諸法を五位百種としたもの。

9 四大仮和合《しだいけわごう》—人間の身体は地（骨など固いもの）、水（血液などの液体）、火（体温のあること）、風（成長などの動き）という四大元素から、仮に構成されていると考えられていた。

10 寂光明土《じゃっこうみょうど》—寂静《じゃくじょう》なる真理と真智の光に満たされたこの絶対的世界。

11 不思量—思量が思量としてつかまれる以前のいきいきしたあり方。

12 曼陀羅《まんだら》—神聖な壇（領域）に仏・菩薩を配置した図絵で、宇宙の真理を表現したもの。

Ⅳ 宇宙する

宇宙する

トルーマンも毛沢東も　衲《わし》は抱いて坐禅しておる

坐禅というものは、この五尺の身体で「永遠」に生きる法である。「絶対」に生きる法である。人間に生まれた一番上等のことというのは何かというたら、この五尺の身体を宇宙いっぱいに使うことである。

＊

坐禅というものは、まことに不可思議である。学問してからするのではない。坐禅という実物がおそろしい。

＊

仏教は理念ではない、実物ですよ。仏教は学科ではない、実科ですよ。それを修行という。

＊

われわれの身体は、どこからどこまでも自分で作ったものは一つもない。これはどれもこれもが宇宙の出来事である。この宇宙の出来事で衲《わし》は衲だと言っているのだから、何のことはない。

＊

出入りの呼吸も、聞くのも触れるのも、われわれが一々たくらんだことではない。無知無分別である。そしてこれがあってわれわれは、日常の生活ができるわけである。それは身あっての心であり、心あっての身で別のものでなく、その一如の活動が呼吸であり、聞いたり触れたりすることである。これらは他ならぬ大自然の恵みであって、寂然の光明である。自分の計らいですることではないので、いつでも呼ばれれば分別しないで応ずることができる。

＊

坐禅するということは、大自然に生かされた自分を実証することであるが、その自分はいつもの自分ではなくて宇宙とぶっ続きであり、宇宙いっぱいが自分であるということである。それこそ宇宙のすみからすみまで行き届かない処はない。つまり一人が坐禅するということは、宇宙全体が坐禅していることになる。宇宙は自己の内容である。

＊

坐禅というものは一切衆生と共に坐禅する。ただ坐禅をすれば、坐禅それ自身が途方もなく人間界に宗教的衝動を与えるものである。

＊

坐禅すると何になるか——天地いっぱいになる。トルーマンも毛沢東も、みな私の坐禅のなかにおる。

＊

禅は何をするものかといえば、宇宙の全景をそのまま傷付けないで玩味するものである。

＊

私の人生はどこも本当だが、どこもウソである。この否定も肯定も全部受け入れる処は、好きも嫌いも一遍にいく処である。これこそ宇宙の全景を一目に見る境地である。

＊

坐禅は宇宙の全景を宇宙の全景のままにしておくものである。茫々として限りないものを限りないままにしておき、手は手で足は足そのままにしておくことである。

＊

坐禅のなかに何が起ころうと、ただ坐禅しておれば、泥のなかに蓮が生まれるように一切合切みなことごとく坐禅である。

＊

「白雲を我が坐禅の衣と為《な》す」（大智《だいち》禅師偈頌《げじゅ》）――この袈裟をかけて坐禅する。袈裟に凡夫がかくれている。何の計らいも妄想もなく、この袈裟におおわれるのである。

＊

宇宙いっぱいが一つの蒲団、すなわち何のへんてつもない坐禅である。「粋《いき》な奴だよ、澤木の爺は、広い宇宙に坐り込む」――これがわれわれの信仰である。ただ坐るということは、自分きりのものではない。これは尽十方無礙光《じんじっぽうむげこう》であり、法界に充満したものなのである。

＊

『三千仏名経《ぶつみょうきょう》』のなかに南無諸法超越如来というのがある。つまりどれだけ追っかけても無限というのじゃから、これに当たるべき追っかけ方があろうわけがない。逃げるといっても、無限を逃げおおせる気遣いはない。

＊

隔たるというても、宇宙いっぱいのものと宇宙いっぱいのもの。隔たるのは人間の思い方だけで、思わずに黙っておれば何でもない。

＊

一挙手一投足において自己を見失わず、足大地を離れず、この宇宙と離れず、宇宙の気を呑み、宇宙の気を吐き、そうして生きていくということが禅、われわれの生活態度でなければならぬ。

＊

傅大士《ふだいし》という人は朝々夜々仏をいだいて起き、仏をいだいて寝ておった。そうすればこの十方世界、時間空間いっぱいのものが、われわれの一挙一動である。

＊

そういうふうに宇宙と自分と続いておると、宇宙の生命は殺せぬ。天地いっぱい、殺せるものがないという原理をよく呑み込んだら殺せぬ。それで殺すなだ。これは当たり前である。これは自覚なのである。

＊

戒法は持《たも》てというのじゃない。戒法は犯すことができぬというのが、根本の問題である。不殺生ということは、殺すなというのじゃない。殺せんということじゃ。

＊

仏さんの心持ちが自分の心持ちになるのが受戒というものである。

＊

宇宙いっぱいのものを見ている。宇宙いっぱいの音を聞いておる。宇宙いっぱいの味をなめておる。宇宙いっぱいの匂いをかいでおる。人の鼻を借りて息するんじゃない。巍々《ぎぎ》堂々《どうどう》として、宇宙いっぱいの息を吸ったり吐いたりしておる。

坐禅が神々しいのは　宇宙が神々しいからである

『旧約聖書』のなかに「神の像《かたち》の如く人を創《つく》れ」ということがある。で、われわれは「仏の像の如く人を創れ」と。仏の真似するのが仏法ですよ。

＊

坐禅は人間の肉体で仏をつくるものである。

＊

沢庵漬けの大根にまだ塩がしみ込んでいないのでは困る。大根と塩と重しとよく調和して、塩がよく大根のなかへしみ込むように、坐禅も形と我れと宇宙とよく折り合いがつかなければならぬ。

＊

ふざけた態度をすればふざけた気持ちになる。いかめしい態度をすればいかめしい気持ちになる。したがって、われわれが釈迦のような立派な人間になろうとすれば、まず釈迦のようながっちりした態度をとって、釈迦と波長を合わせるのである。つまり形とともに雰囲気を作るものである。

*

仏というものは概念的なものではなくて、われわれの筋肉の向けよう一つで、この身このままが仏なのである。修行そのものが悟りそのものである。形そのものが精神そのものである。態度そのものが道そのものである。

*

合掌して夫婦喧嘩するのは難しい。合掌する処にごく澄んだ気持ちが、自分にも他人にも現れてくる。

*

肉身でこの澄んだ気持ちを実体験するのを覚触《かくそく》という。つまり筋肉の修め方が仏さんと一緒になったとき、そこに仏さんと一緒の気持ちが得られたということである。宇宙とぶっ続きのこの覚触を得、狂いつつあるおのおののバロメーターを徹底的に狂いのないものに正すのが、坐禅の修行である。

*

要するに筋肉の構えからして人間ができなければ駄目なんだ。筋肉の構えからなるのがつまり覚触ということである。どうなるのじゃない、まずやればよいのだ。身でやる。この正味の処が覚触である。

＊

なぜそんなに坐禅が神々しいのかというと、宇宙そのものが神々しいものであるからである。宇宙のオートメーションが神々しいからである。坐禅とはこの宇宙のオートメーションに順応した姿である。つまりその神々しいものとの合致をこの肉体でするのであるから、坐禅が神々しいのは当然である。人間に坐禅ができるということは、これくらい素晴らしいことはない。

＊

坐禅それ自身が尊い。

＊

坐禅という形は非常に神秘である。ある和尚が坐禅しておった。そうすると隣家の六つになる男の子が本堂へチョコチョコと来て、この和尚さんを見て驚いて母に告げて言うには――「あのよ、お寺の和尚さんが神さまになりんさった」

＊

坐禅を信ずる者は、坐禅と不二《ふに》になることじゃ。その不二が信心である。

＊

坐禅とこの澤木は一つであるということを信ずる。坐禅が澤木で、澤木が坐禅だ。ちっとも隔たっておらん。それがちょっとそうなれん。坐禅していて道で会うた娘さんのことを思ったり、よそのことを思っている。しかし坐禅の本来は巍々堂々《ぎぎどうどう》として富士山のようなものである。グニャッとしておったり、居眠りをしておったりしていてはならん。ウンと坐って坐禅の方へ澤木が引っとらえられてくる。これを三昧という、本当のオレというものである。

＊

坐禅はグニャッとしておってはいかぬ。ピチピチ生きたような坐禅をせんならぬ。群がる敵中にただ一人でおどりこんで戦っている真剣さがなければ、それこそ何にもならぬ。

＊

祇管打坐というものに差し水する余地はない。そこに一生懸命の力がいる。そこが呼吸だ。悟るためでもなければ、何のためでもない。一生懸命の坐禅である。これを「ただ坐る」というのである。

＊

代理のならぬ自己をつかむ、現在をつかむということが三昧であるが、それは一生続かなければ駄目である。昨日も坐禅、今日も坐禅、年々歳々坐禅をやる。そこで坐禅という自己に親しみ、その自己をつかんだということが言えるわけである。

おのれを抜きにすれば　解決しない問題はない

ところで何か有難いに似た陶酔を、信心と間違えてもろうては困る。坐禅はいい気持ちがする。そんな坐禅にふけることを三昧と間違えてはならぬ。それは有難いに似た妄想が起こっただけのことである。正しい仏法は、こんな陶酔の覚めきった処でなければならぬ。ところが宗教屋としては、この陶酔というヤツが大切な商売のネタである。だから私のようなことを言う者はおらぬ。

＊

お前が有難がっているのは一種のノボセじゃ。衲《わし》の話はそのノボセを醒ますための仏法じゃから、有難くなくなるのは当たり前じゃ。

＊

信心ということは、われわれの分別妄想にかかわらない、この心にだまされない。言葉を換えていうと本当の自分を信ずることじゃ。

＊

われわれの意識には作りものばかり目の先にぶら下がる。そういう小さい自分でものを考えるのでなしに、全分を投げ出して、山にものを考えさして私を眺めさすと面白い。山なら「オイ澤木」と言うてほめてくれない。陰で舌を出さないし、またそしりもせん。

＊

お月さんが見てござる――全宇宙どこからどこまで内緒事はやりおおせるものではない。

＊

無常を感じたら生活が厳粛になり無駄がなくなる、嘘がなくなる。嘘がなくなったらそれが宗教である。裏表なし、天地いっぱいに透き通っている。

＊

信心というのは清き心。心の清らかなること、透明なること、透き通る気持ちになること。

＊

坐禅は自己に透明なことである。私は坐禅くらい自分というものが見せつけられるものはなかろうと思う。自分のみにくいものがはっきり見える。坐禅が清浄《しょうじょう》になれば清浄になるほど透明になる。透き通れば透き通るほど、汚い汚い自分が見える。自己を知ろうと思えば坐禅すればよい。

＊

迷いの真っ只中に行ずる坐禅。坐禅は明るい真理から照らされている迷える我れである。

仏に抱かれたる迷える我れである。仏が見えれば見えるほど、迷いをはっきり知り現実のみじめさが見える。信仰は沈静である。

＊

自分のやったことを神さまに見られたらどうであろうと、真実突きつめるのが宗教である。自分を客観化して神さまから見てもらう。ここに懺悔《さんげ》ということが起こってくる。

＊

懺悔とは自己全体を否定して、自我が何もなしになることである。そこで宇宙にとろけ込んでしまう。仏と自己と継ぎ目なしになってしまった姿である。

＊

拝むということは拝んで極楽へ行こうとか、悟りを開こうとか、何とかしようといつも引っついていた袖乞《そでご》いの餓鬼が、行方知れぬようになった心。それは自分と天地と同根、万物と一体、つまり雪のなかに白い鷺《さぎ》が降りたように継ぎ目なしになった広大無辺なものが、われわれの拝むということです。

＊

礼拝ということは向こうに仏さんを置いてそれに頼むのじゃない。礼拝とは仏に対する内面生活である、仏を腹に宿すことだ。つまり仏さんと私とがとろけ合うてなくなってしまうことだ。

＊

こうしておじぎするときには、双方が「オレが」という自分を休業している。つまり休業しなければ本当のおじぎはできない。そこでその双方の互いは継ぎ目なしになることになる。礼拝する人も礼拝せられる人も、そこでは凡夫の思惑を超越したものがある。

＊

拝んで暮らすということが、人生一番の大事なことです。まず十日ばかり拝み合うというと、どこの家庭でも平和になる。

＊

信心ということは一服することですよ。泣きべそかいたり、ほくそ笑んだりしておるけれど、そんな人間界を一服することなんである。

＊

すべての対立はおのれというものを肯定してからの話である。おのれというものが絶対にどこにも探し当たらなければ、対立はなくなるわけである。無心ということは、つまりこのおのれを抜きにすることであり、おのれを抜きにすれば人生すべてのことで解決しない問題はない。

堕落とは　私が宇宙から切り離されたことである

人間、愚痴のありったけでシワクチャになっておる。それを洗濯しアイロンをかける。三十分坐る。これでご破算。これが本地の風光、本来の面目である。

＊

すべて武道の要諦《ようてい》というものは、自分の智慧に自分があざむかれないようになることだ。最も深刻な張りつめた自己の波長と、宇宙の波長とがピッタリ合って、天地のすき間のない人間に成りきった処が武道の極致であらねばならぬ。つまり三昧である。

＊

坐禅堂の額に「[1]遍界《へんかい》一覧亭」とある。宇宙の全景を一目に見ることだ。そのときこの宇宙から自分というものがなくなる。この自分を忘れる。逆にこの自分というものが一番大事なものであると思うときには、いつでも自分が絶対無限者から切り離されて奈落の底に落ちている。われわれの堕落ということは、宇宙から切り離されたことである。内緒事をするのは、自分一人という男が宇宙いっぱいであるということを知らないのである。

＊

弥陀の光明は天地いっぱい。この天地いっぱいの光明に影をするのは誰か。それが自力の計らい（分別）ではないか。

＊

「聖人に己《おのれ》なし、処として己ならざるところなし。天地と我れと同根、万物《ばんもつ》と我れと一体」（肇《じょう》法師）――言葉だけは誰でも痛快がるものだ。それよりもまず、この凡夫の差別の我《が》他彼此《たひし》の継ぎ目のある、こいつをよく揉みほぐして質直意《しつじきい》柔軟《にゅうなん》にならねばならぬ。

＊

坐禅ということは「めいめい持ち」の自分をやめてしまうことで、私たちは坐禅したときだけ「めいめい持ち」をやらぬ。すなわち全く「めいめい持ち」がないから、それこそ宇宙いっぱいがおのれである。この宇宙いっぱいにならねば、このめいめい持ちの皮袋の店番をしておる間は、どれだけ金があろうが、学問があろうが、どれだけ長いこと坐禅しようが、それこそ何にもならぬ。

＊

一切衆生はおのれに迷うてものを追う。向こうにものがあると思う。しかし森羅万象、宇宙いっぱいのものと継ぎ目なし。自分が宇宙いっぱいならば、出会うものがすべておのれである。

無我とは自己を忘れること。つまり自他の継ぎ目がなしになることであり、継ぎ目なしになって自己が無限に延長することである。

＊

われわれが今まで日常見ておる世界を一八〇度グルッと回転して、この肉体と肢体で宇宙いっぱいのスイッチをつけ、波長を合わす。この宇宙いっぱいで死に、宇宙いっぱいで生きる。宇宙いっぱいである限り、生まれても生まれない、死んでも死なん。

＊

天地いっぱい、それはわれわれが意識することも、見ることもできんけれども、その事実は一つである。この事実を本当に信じてこれを踏むことのみが、われわれの最大にしてまた最後の仕事である。

＊

万物と我れと同根一体なんていう事実が、われわれの対象になるものではない。対象になるなら、同根でも一体でもない。そのままの自分の姿を、かく言わなければならなかったのである。これが本当に親しいというのである。

＊

光明は人間の感覚できることではない。感覚していることが光明であるからである。

＊

真の自分は自分の認識範囲にはない。範囲内にあるものはいつも他と較べている自分である。寝姿が見られぬように、真の自分は見られるものではない。しかし見たり知ったりすることはできないけれど成ることはできる。自分が真の自分に成ることが坐禅である。

＊

能《のう》と所《しょ》、私とあなた、坐禅と悟り、こういう対立、対象のあるものは禅ではない。徹底坐禅に成りきる。自分と坐禅が一つになる。

＊

坐禅に成りきるとは、自分が自分で自分を自分することである。だから坐禅は客観化して見てはならない。これで悟った、これでどれだけどうなったなどと言うのは、オレは今よう寝ておると言うのと同じことである。衲《わし》は床屋で子供の頃、寝顔がかわいいと言われた。それで自分の寝顔が見たくて、眠りからこっそり覚めてそろっと見たが、見れるものではないことが分かった。本当に成りきってるときには、寝ておるとも何とも思いもしないでただ寝ておる。

＊

いくら悟っても、いくら体験をしても、記憶すべきなし。そうすれば花落ちて風にまかせ、鳥啼《な》いて雲に入るばかり。

＊

坐禅は当たり前になることである。悟りの絶頂は無色透明、何ともなくなることである。

＊

坐禅して坐禅のカスがとれる。渋抜きアク抜きが大事である。そこで当たり前になる。素面《しらふ》になる。正気になる。

＊

ありのままということは、作り飾りのないということが宇宙いっぱいということ。

＊

どの仏祖も坐禅をしたのではなくて、坐禅にさせられたというのである。ここが大変な処である。われわれも坐禅するのではなく、させられるのである。何か知らんがさせられる。坐禅はせずにおられないものである。

＊

坐禅の白紙のなかから一切のものを見る。それは自分が見てはいかん。坐禅から見届けられた世界、坐禅から見届けられた自己のみに、言葉を超越してうなずけるものである。

妄念妄想は般若の光明である

「坐禅すると妄念が起こります」と言うて来る人がようある。妄念が起こるということがどうして分かったか。それは坐禅してノボセが下がったから分かったのじゃ。

＊

「オレのように良いことをしている者はあるまい」と言っている者に、決して良い者はない。「私のような悪い者はない」と心から言う者には、決して悪い者はない。そうすると妄想しておるということが分かったということは、これは妄想しておらぬ証拠である。そこには除くべき妄想もなく、求むるべき真もない。

＊

「坐禅しておると妄念が起こります」と言うて来る人がある。生きておるのじゃから、あるのが当たり前である。念の起こるを嫌い、これを邪魔にする必要はないし、また大切にする必要はない。起こるは起こるにまかせて放っておけばよい。浮かんでくるでよい。ただその浮かんできたのをつかまえて、それからそれからと先を続けていくから考えごとになる。続けていかなければ、それはそれで消えていってしまう。それが消えればまた別のものが浮かんでくる。つまり取り合い継《つ》がなければ、どれも蹤跡《しょうせき》をとどめず、全く消えてなくなる。そして次から次へと、たえず新しく新しく浮かび続けている。したがって頭のなかに浮かんでくるのはくるにまかせて、とにかく何ものも取り合わないで坐禅せよ。その取り合わないためには坐禅より他にはあり得ないからである。

＊

坐禅は無色透明だから妄念妄想がはっきりしてくるのだ。

＊

正気で坐っておれば、何でもなければならない。周囲の音はよけいはっきり聞こえるのでなければならない。生きておる限りは意識がストップするものではないのだから、そのままそれをどうせよというわけでもない。

＊

ただ坐禅をして、そこへ出てくるものは出てくるままでよいのである。その出てくるものは何かといえば、人間生活の相が出てくるのは当たり前だ。つまりいうと坐禅が諸仏なら、そのなかに出てくる品物はみなこれ一切衆生である。

＊

坐禅しておると頭のなかに何やら起こるが、それは生きている証拠、頭が働くのは当たり前の話じゃ。それは妄でもなければ真でもなければ、何でもない。白雲が去来するようなもので、これ無心にして往来しておる。

＊

八万四千の雑念起滅ということは、われわれの身体が瞬時といえども休みなく活動していることであって、われわれ当人の全く関与する処ではない。つまりわれわれ自身の力でやっていることではない。したがってこれを相手にしたりして、自分自身のもののように思う処から間違いが起こってくる。そこで間違えないためには、取り合わず捨てきってしまうことが、われわれの正しい態度である。このとき八万四千の雑念起滅は、われわれの身体が瞬時も休みなく生き続けている様相である。この様相があってこそ、われわれというものが今日あり得るので、その一念一念が般若の光明である。

＊

「坐禅しておってもトンと無念無想になりませんが」と言うのは「無念無想にならん処」に相手になって、こんな坐禅をしておっては何にもならんと考えている。それがつまり念想の相手になっていることである。

＊

これは悟りではない、この心は駄目だとか、まだ悟りの心境になっていないとか、いろいろと坐中に工夫する。これではつまり全く坐禅そのものを信じていないということである。そうではない。どんなに心が動こうとも、そんなことは一切かまわないで棚上げして、ただ坐禅する。すなわち坐禅そのものを絶対に信じて、一切の思いめぐる思念に取り合わないでただ坐る。

＊

坐禅しても妄念が起こりますとか、どうもはっきりしませんとか言う者があるが、はっきりするものか。凡夫で考えてはっきりするものは仏法ではない。

＊

坐禅は人から見れば結構に見える。しかし自分からはみにくく見えるものである。何か物足りない。これでいいのだろうかと思うて坐っている。しかし自分の坐禅はよいなあ、よいなあと思って坐っている方が狂っているのじゃ。道元さまも言っておられるではないか。「ひとかたはたらずとおぼゆるなり」（現成公案巻《げんじょうこうあん》）と。

＊

坐禅は凡夫の身体で仏をすることである。それを意識でどうこうする必要はない。どうこうするならば、それは凡夫の業感《ごうかん》だけの値打ちしかない。

＊

本来の面目で坐禅するのである。本来の面目で坐禅すれば、われわれの煩悩や業《ごう》によって後天的に引っついたものは、そのときには全く問題にならない。全分を洗い清められてしまうのである。解脱というのもこの業を解脱する。

坐禅でおのれがなくなるか？　おのれのために坐禅するか？

（内山興正《うちやまこうしょう》老師への遺言）宗門には坐禅がある。坐禅さえ護持し坐禅で人を引っぱってさえいけばマチガイはない。

＊

坐禅はこの姿勢、身構えというものを信じて坐る。それが祇管打坐《しかんたざ》の妙法である。

＊

信ずるということは澄浄《ちょうじょう》すること、トックリの泥水は据《す》えておかねばにごりは澄まぬ。坐禅中の妄心はあるだけはある。それでええじゃないか。一分の無明《むみょう》はまぬがれはせん。しかし自分が自分しとればええ。だまされるな、とにかく据えておきさえすればそれでええ。

＊

「そんなに年寄るまで坐禅しておったなら、よほどよい脳波が出るだろう」――なあに今日初めて坐禅する者も、本当の坐禅をすれば同じことじゃ。それより年寄ると坐禅が下手になる。ぼつぼつ部分品が傷むものじゃからね。

＊

仏道の実物は何だ。坐禅することじゃないか。坐るという事実があるだけじゃ。この祇管打坐が身心脱落《しんじんだつらく》であり、われわれの安心《あんじん》でなければならない。

＊

禅というものは「する」ものである。実あって名のないもの、坐ればもうそれでよい。南無阿弥陀仏、申せばもうそれでよい。

＊

悟りを開いたとはどういうことか――宇宙とスイッチをつけること、宇宙と自分と継ぎ目なしになったことである。そのブッ続きになったことを、われわれの仏道では救われるというのである。

＊

宇宙と続きであるということを確保する。われわれは宇宙と続いているから生命がある。そこで宇宙と続きの仕事をするのである。

宇宙いっぱいとは何かというたら、これは無念無想ということ、分別妄想なしということ。

＊

元来宇宙とぶっ続きの自分を、自分だけ抜けだしたものと思っているのが妄想である。その我《が》にものを言わせず、天理の常にあるがまま受け入れることを「妄想莫し《もうぞうな》」というのである。私はいつも「ぐずぐず言うな」「文句を言うな」と言っておる。

＊

無心ということは、この必然的出来事に対して文句のないことである。

＊

死んで考える。死んで考えるのは考えはせん。死んでする世の中は気楽なことである。ああだろうこうだろうと考えはせん。

＊

棺桶のなかへ入るのも坐禅するのも同じことで、坐禅したら否応なしじゃから、死んだと思って坐ったらいい。

＊

しかし人間というものは退屈することが嫌いですな。何とかして退屈せぬように、何ぞ面白いことがないかしらんと思って、いろんなオモチャでワイワイいうてごまかして一生暮らす。しかし人間、この退屈ということがいかに立派なことであるか。一生坐禅しておったら時間の長いこと――。

＊

坐禅しておると日が長い。「山静かにして太古に似たり、日長うして小児の如し」という言葉がある。子供は日が長い。年寄ると一年くらいパッパッと経ってしまう。時間の経済は坐禅しておることじゃ。坐禅しておれば短い日はない。そこでは「日長うして小児の如し」という永遠に新しいものが、「山静かにして太古に似たり」という永遠に古いものに包まれている。

＊

神風号を操縦してロンドンまで飛んだ飯沼さんが、その間の四日四晩が今までの二十何年かの生涯よりも長かったように感じられたという記事があったが、これは面白い感じである。いかにその四日四晩を苦心したか、内容がいかに豊富であったかがよく分かる。

＊

坐禅をやめてしまうのは張り合いがないので、凡夫根性が退屈するのである。

＊

宗門の坐禅は悟りの準備じゃない。ただ坐禅する。坐禅するのに本当に何も要《い》らない。ペンもノートも要らない。悟りも迷いも要らない。何にも持ち込むことはない。坐禅はするだけでその通り、なすべきそれである。このことはあまりに広大無辺で、あまりに素朴で、あまりに人間のおかずがなさすぎるので、人間には何のことだか分からないのだ。

＊

坐禅堂は人間を殺す処である。坐禅堂のことを枯木堂《こぼくどう》ともいう。みんな並んで坐っている処は、まるで枯れ木の林のようなものである。

＊

時間空間いっぱいのものというものは自分の死んだ形、まかした形である。真剣に形式に生きるとき、自我は滅する。

＊

坐禅に成りきっておのれがなくなるか、おのれのために坐禅するか――そこが嘘か本当かの一番大切な処である。

坐るとは　最も新しい自己に対してのうなずき

私の境涯の奥底深く持っているものが伝染する。その伝染は釈迦から迦葉《かしょう》に、迦葉から阿難《あなん》に、それがずっと伝わって私に来た。その電力仏法がまた他に感電する。それには膝がピンと浮いておってても波長が合わない。顎《あご》が浮いておってもガクガク雑音が入る。波長が合えば目の当たり、釈迦が自分になり、自分が釈迦になる。

＊

宗教とは何か。仏祖にスイッチをつけ、波長を合わせることである。悟りとスイッチをつける、それがわれわれの行である。

＊

「妙法を単伝する」とは、スイッチの問題である。スイッチさえつけばたった今ここで、人人具足《にんにんぐそく》の天上天下唯我独尊。そこに全自己の活躍がある。

＊

伝法というたとて個人と個人の取引ではない。天地いっぱいのものでなければならない。天地いっぱいであることが、伝法救迷情《でんぼうぐめいじょう》ということである。迷いの衆生というものは天下に満ちておる。迷わぬでもよいのじゃけれども、これは仕方がない。その仕方がないというのは、本人が好きで迷っているわけではない、つまり天地いっぱいが迷いである。これは悟りについても同じことがいえる。だからどちらも天地いっぱい、凡夫を裏返せば仏である。いや仏もそれがために迷える一切衆生を背負っておるから「阿弥陀や釈迦も今修行の手始めや」（西有穆山《にしありぼくさん》禅師）と。

＊

伝えるというのは師匠の教えによって自分を発明すること、自己を発明すること、結局自己を知ることである。

＊

凡夫が自己を知りさえすれば、決して凡夫ではない。凡夫の内容は仏なんである。仏も仏ぎりではない。仏の内容は凡夫なんである。仏と凡夫と互い違い、違い互いになっていて、そいつが別のものでない。

＊

仏道修行ということは、この人間肉体の個人我とそれから宇宙いっぱい、三世《さんぜ》の諸仏とスイッチをつけて継ぎ目なしになることである。それを透き通ったという。それが生まれもしない死にもしない永遠の生命である。この諸行無常の真っ只中に、永遠に変わらない、永遠に死なないものを発明する。

＊

三昧の道というのは凡夫でない、仏でない、仏と凡夫と継ぎ目がない。そこでは天地同根、万物一体じゃが、オレというものがなくなってしもうたのじゃない。

＊

「知忘《ぼう》じ見も亦《また》忘ず」（丘宗潭《おかそうたん》老師）——凡夫と仏の継ぎ目がなくなって坐禅ばかりになる。そこがすなわち成仏である。坐禅それ自身が悟りとも何とも、言いも思いもせぬでも悟りである。

＊

悟りということとは宇宙と打ち通しの自分をつかむことである。仏さまと自分とが続いている。神さまと自分とが続いている。しかし「オレが悟っていて、あいつが悟っていない」と言えば、この皮袋にだまされる。この「オレが悟っている」がなくなって、忽然《こつねん》として宇宙と波長が合うのである。そこに初めて、この小さな皮袋にだまされない自己になる。

＊

禅とは自己に親しむものである。自己が自己を自己で自己することである。それを仏に成ったという。その人がその人に成ることである。

＊

禅というものは、いつでも精神が自己に戻ってくることである。退歩とは自己を見ること、反省することである。坐禅は新たなる人生である。

＊

坐禅とは、本当にみちみちた自己に親しむことである。自己に親しむということは、世界中一切のものが自分のものになってしまうことだ。われわれはこの一番親しいものをうとんじているのではないか。

＊

個人のカビでなしに宇宙と続きの自分、すなわち仏と続き、一切衆生とぶっ続きの自分、これを求めていく心持ちが道心です。つまり道心とは、私とあなたとぶっ続きの要領を呑み込むことである。

＊

坐禅してしみじみそういう自己に親しみ、最も澄んだ自己を歩ましむるのが信仰というものである。

＊

ただ坐る。この簡単なことが、最も新しい本当の自己に対してのうなずきである。

坐禅という仏ごっこをして遊ぶ

仏道修行とは仏の真似をすることである。自分のかなう程度真似をすることである。ところが人間が仏法を取り扱うものだから、仏法までも人間界へ引きおろしてしまう。つまり仏の真似を人間の手柄にしよう、役に立てようと思うのが、禅病の起こる元である。

＊

坐禅は弦を離れてから的に当たるといったものじゃない。宇宙いっぱい的だから、外れる気遣いなし。その代わり的に当たったからといってタバコ一箱、貰えない。

＊

何にしようとか、しまいとかいうこの心を、すっかり投げ出してただ坐る。

＊

「深入禅定《ぜんじょう》、見十方仏」（法華経）――奥行きばかりじゃいかん、そこに実行がなからにゃならん。実行ばかりじゃいかん、そこに奥行きがなからにゃならん。だからただ法の道理だけを見てもいかぬ。我執を投げうってただ三昧に入る。ただ坐禅をする。そこに深さがある。もし形だけで何か求めるものがあるならば、これは深く禅定ではない、浅くである。何ものをも求めない、何ものをもいとわない。

＊

「神すらなお見失われた処に真の神がある」（エックハルト）——坐禅というのはどんなものかといえば、何もしておらん。何ぞ内職を持っておるなら、小さいものになってしまう。何もせぬから宇宙いっぱいだ。宇宙いっぱいとは、この何もしておらんことである。

＊

何もならないことができるということは、宇宙いっぱいということじゃ。そしてこれはその場限りのことではない、永遠のことである。

＊

モノの名のつかない昔を「空劫已前《くうごういぜん》の消息」（山水経巻）という。すなわち実に無味淡白な、幽邃《ゆうすい》な、無限に広く、長く遠く——それを実際にやるのが坐禅である。

＊

幽邃というのは、ただ教えの通りに寸分の歪《ゆが》みのないように坐禅をするそれだけであって、それからどうなるとか、ハッとするとかいうようなことは全くない。つまりどれだけ坐禅したらどうなるという反応が、根っからないことである。いってみればまことに簡単なことであるが、こいつがなかなか落ち着けない。いつまでたっても坐っている本人は、これでいいのかしらんと思うのである。道元禅師の法孫の者でもたいてい、この無反応な最上のなかの最上の坐禅は分かりかねている。

＊

坐禅する、それでお終《しま》い。すべてそのものが、そのもので、そのものなのだ。

＊

祇管打坐《しかんたざ》とは底なしの水桶で井戸水を汲むものじゃ。

＊

坐禅すればそのまま仏であるならば、大変に簡単で楽な話だというので、いつの間にかすっかり修行をしなくなってしまう。これは修行を冒瀆するというものである。またやればやったで執着すれば、これも染汚《ぜんな》することになる。したがってとかく自分勝手に流れ、染汚に流れがちである自分にウカツであってはならないのだから、祇管打坐といってもこれは大変なことである。これをするのが祇管打坐である。

＊

博多の七里《しちり》和尚さんについていた村田静照師のいかにもさびた念仏をよく聞いたが、念仏を唱えるのにいつも「みなさん、はまりが浅い、はまりが浅い」と言われていた。はまりが浅いというのは、身が入らないということである。グニャッとして「なんまんだぶ、なんまんだぶ」と何万遍いうても、そんなものは浄土と一向関係がない。

＊

祇管打坐、ざっとしたもんじゃないぞ。究め尽くしてのことだ。ただ坐るといってもボウーッと坐っているのではない。ウンと一生懸命に狙いを定めてやる。

＊

坐禅は途中の仕事ではない。いわゆる手段ではない。坐禅は行き着く処まで行き着いた境涯でなければならぬ。

＊

ただ坐禅は坐禅きり。坐禅それ自身が目的であり、彼岸であり、最高価値である。仏になるためではない。

＊

坐禅は何するものかといえば、仏ごっこをするのである。つまりそれを仕事にするのじゃなくて、仏ごっこをして遊ぶことである。

1　**遍界**《へんかい》—遍法界の略。この真実の世界あまねくいたる処の意。

V 拓く

健康で長寿だ? まるでただの長生きしたい病じゃな

納《わし》においては生きた本尊さまは坐禅の姿である。その坐禅の姿の内容、原料はといえば、人間澤木である。お釈迦さまと一緒に坐禅をし、山川草木《さんせんそうもく》と一緒に坐禅をするために、この凡夫の肉体を使う。人間澤木の心猿意馬《しんえんいば》は、一切衆生に通じる。それでその一切衆生をこの坐禅が救うのである。

＊

三世諸仏《さんぜしょぶつ》を供養するには、坐禅が一番功徳がある。一切衆生を済度《さいど》するということは坐禅することで、つまり坐禅の内容が「一切衆生を済度する」ということでなければならない。だから一炷《いっちゅう》の坐禅は、上求菩提《じょうぐぼだい》でも下化衆生《げけしゅじょう》でもある。

＊

われわれが坐禅するということは、この社会全体を引っぱって坐禅するという意味でもある。一切衆生を救うということは、私が坐禅することである。

＊

納のことを凡夫禅《ぼんぶぜん》という人があるそうなが、凡夫禅けっこうじゃな。凡夫がお釈迦さんと同じことができるのが、われわれの仏道の行ということである。じゃからわれわれは、この行を信ずることである。

＊

今の人は健康で長生きさえすればいいと思うておる。何をするために、無病で長生きせんならぬか。まるで長生き専門病じゃな。私ら長生きしたいことはない、無病でありたいこともない。いやただ仏道修行するために健康でありたいし、また長生きしたいだけのことじゃ。

＊

われわれは何が真実に欲しいのか。それを常に考えてみなければならない。それを考えないで、ただでたらめに食っていけばよい、生きていればよいというのでは、本当の生活ではない。この人間最後の欲求を、誰にでも充たしてくれるのが宗教である。その人間最後のものを、私は坐禅という。

＊

世界中の人間に坐禅をさす。坐禅するために飯を食って生きておる。

＊

私の心はどんどん移り変わり、四角いとも丸いともそんなものは何もないし、われわれの手持ちのものではないけれども、これでもって願を起こし、願によって一生引きずられていく。そこにいつの暇にかこの願に実が入る。

＊

修行をしても願がなかったならば、ハンドルのないオートバイみたいなものでフニャフニャである。たとえ、いいことをしても気まぐれでしたのではいけない。この願というものがあって、われわれの行をまとめるのだ。

＊

誓願奮発する上においては、老も不老もあったものではない。仏教という宗教は誓願の宗教である。ただこの誓願を立てる処に必ず成就する。

＊

われわれの本当にすべきことがはっきり分かったら、命がけで誰でもやれるのである。たった一つ方針が立てば、輝かしい勢いでどんなことでもできる。

＊

本当の安心《あんじん》とは願がはっきりすることである。願がないからおだてに乗る。願のある者は心にゆとりがある。

＊

われわれはとにかく大なる使命を担っているのである。地上の人類を背負って立っているのであるという、意気込みがなければならん。必ずこの地上に、オレが生きておらなければならぬ。オレがおらなければどうするか。こういう自重心がどっしりしていなければならん。

＊

宇宙を相手にする。永遠を相手にする。そしてここの他に何の相手もなく、がっちりと腰の坐ったものがすなわち不動心である。

＊

仏法というものは人間が「撃ち方止め」をすることである。取捨憎愛のない世界、どうしたいということのない世界、どうせねばならんということのない世界。それならというて怠けておるのじゃない。一生懸命にするんじゃけれども、体静かなり。

＊

坐禅というものがあまりに無味淡白であるから、これは容易なことではない。大きな声を出さんならん。何でもないことじゃから、バカに骨が折れてしようがない。よほど男気がなければやれん。これが無味淡白な坐禅のひろめ方である。

諸仏は迷いの真っ只中　衆生は悟りの絶頂

白い脚絆《きゃはん》をはいて網代笠《あじろがさ》かぶって橋の上を行く雲水を見た私の寺の総代が、「ワッ、涼しいものを見た」と言った。托鉢《たくはつ》というものは一番清浄《しょうじょう》なものである。子供が五人あるというのなら、子供五人に網代笠かぶせて托鉢したらいい。

＊

誓願というのは自分の理想の高い処を、そこで振り回すことではない。相手をバカにせんと、自分のうちに取り込むことだ。瀬戸物のアヒル、瀬戸物の狸、こういう趣味もあっていいと。

＊

ただ自分が人より偉う見えるようなことをやるばかりが仏道ではない。自分が向上したら、向上だけではいかない。元の処へ戻って迷いの衆生のつき合いをしていく。人間の仲間からうんと離れて列外に出たなら、一種の死人に等しい。人間の如来は人間に同ずるものである。

＊

衲《わし》は化《ば》けて化けて化けぬくのじゃ。汽車のなかは衲の唯一の休息時間じゃから、子供がいても口をへの字に結んで、こわい顔をしておると寄りつかん。降りぎわになるとニコニコして、「坊や、さようなら」とか言うもんじゃから、びっくりしておる。

＊

『観音経』で三十三身説法という。さりとて仏や菩薩が決して天[1]や竜、夜叉《やしゃ》や阿修羅《あしゅら》なのではない。一切衆生の思惑におつき合いをする。オレはグループ呆《ぼ》けはせんと、高どまりしておる必要はない。それでは人間のうるおいがない。大悲のためのゆえに、子供が泣くときにはオーオーと言う。仏というものは一切衆生の思惑につき合いをせねばならぬ。その生活内容に伸びがきかねばならん。

＊

自分というものが何もないから、大慈大悲なんだ。微塵でも自分のカスが残っているのは、大慈大悲とはいわれない。

＊

相手の思惑がよく分からなければ、金もうけもやれぬ。また人を教えるためには、どうしてもカンが働かなければならぬ。向こうの思惑をよくこちらの頭に入れて教えなければならぬ。

＊

教育は魂と魂の感応だ。

＊

試験があるから勉強するというのでなく、勉強がしたいから勉強する。あるいは勉強が面白いから勉強する。そういうふうに生徒を向かわせるのが、教育の上々なるものでなければならない。

＊

人を怒るのでも本当に腹を立てて怒っては駄目である。次の瞬間には笑いを吹きださせるほどの気持ちでなければならない。私はよう怒るけれども、自分の腹のなかではクスクス言うておる。おかしい。

＊

「おのれいまだわたらざるさきに、一切衆生をわたさんと発願《ほつがん》しいとなむ」（発菩提心巻《ほつぼだいしん》）
――自分が仏法を得せんのに、人を教えるということはできそうもないと思う。これは要するに自分と人と一緒にと、こういうことでなければならんということである。

＊

三世《さんぜ》諸仏は一切衆生を背負っておるから、迷いの真っ最中である。一切衆生は三世諸仏から救われておるから、悟りの絶頂である。いや衆生の他に仏なく、仏の他に衆生なし。

＊

大悲というのは人と我れと継ぎ目のないことである。

＊

人間に福祉を与える。これがために死んでもいいじゃないか。われわれはため、にするのではない。われわれはこの魂でする。

＊

坊主になって損をしようと思ってやっている。身体を仏法に寄付したつもりでやっている。

＊

寺院連中にはタバコを吸ってじっと人の死ぬのを待っておるのがある。われわれ仏弟子は商売じゃない。商売をやめたのだ。つまり商売をやめて仏祖の道を踏むのが修行である。人が死んだら、お金を持っていって説教でもしてやるくらいならいいんじゃが、もし人の死んだので収入になるという気持ちでいたら卑しくなってしまう。

何にもならんということが　途方もないことなんだ

凡夫というものは名誉やとか、好きやとか、出世やとか、美味いものやとかで一生涯大騒ぎしておる。そしていつも何ぞどこぞにないかと思って、盗人《ぬすっと》ネコのようにあちこちうろたえておる。それで結局の処、何になったかというと何にもなってはいない。この何にもならなかったという処まで行けば、もうそれ以上行く処がない。こうして最後に行き着いたのが、この身心脱落《しんじんだつらく》（坐禅）です。

＊

人間が坐禅しておったのが、坐禅から人間が引っぱられる。

＊

人間は仕事をやめなければ休息はできぬ。仕事をやめるということは人間をやめることであるし、凡夫を休業することである。凡夫を休業したら仏である。人間に好かれぬことは決まっておる。

＊

仏法というものは途方もないもので、人間の欲しいようなものでないんじゃ。人間の大嫌いなのが仏法。

＊

坐禅は何のためにもせん。人間の小道具には使わない。人間の小道具は人間で壊れる。永遠のものは人間を相手にしない。

＊

念仏をお布施の役に立ててはならぬ。念仏は人間のためには何にもならぬ。

＊

衲《わし》ら、なるたけ何にもならんことに一つ骨折ろうと思って、何にもならんことばかりやっておる。何にもならんということは途方もないことだ。この何にもならんことをしただけが、これが絶対のものなんだ。何ぞにしたら何でもない話である。

＊

世の中では何したって料金が要る。ただのものは何もない。だから、ただするということはどうしても人間には理解ができないことで、これをやろうとすることは実は大変な覚悟のいることである。

＊

仏道修行といって何か積み上げるものがあったら、それは我《が》だけの話になってしまう。

＊

祇管《しかん》とはただ、それきりということである。ただ坐禅して、ただ芋《いも》を呼ばれる。月給袋に引き回されていない生活を祇管という。ただ喋《しゃべ》って、

＊

「あんたは一切衆生を救済するつもりで活動してござるのか」と言うてきた人があるが、私はただ真っ直ぐにせねばならぬことをしているだけで、救済になるかならぬかは、人が勝手に後から名をつけることである。本当にせねばならぬことをただしているだけである。社会のためでも何でもない。何のためにという分別のない処でしているだけじゃ。

＊

何でも、ものはね、ただする。人の世話でもただする。拝むのもただする。

＊

見解の正しいということは、そんな徳用のいくようなことを考えるのではない。この身を捨てて仏にまかすこと、それだけである。

＊

人間を法のために投げうてば、そこに何らの擬議（ためらい）はない。思いきって容れ物ぐるみ投げ出して、そこに正身端坐《しょうしんたんざ》する処に何らの擬議はないわけである。

仏道が頭のぎりぎりから毛穴いっぱいに充満する

仏教というものは、この一生を最善にどうして生かそうかということである。生き甲斐のある生き方をさせようというのである。いつ死ぬか分からぬこの身体で、永遠に死なない仕事がどうしたらできようかという処が大切である。

＊

われわれは我《が》を先に立てて、その我の窓口からのぞくものじゃから、何を見ても間違う。仏さまを拝んだって間違う。坐禅したって間違う。

＊

われわれ、覚えたことがいかに妨げをしておるか。私にもどうかすると坊主グセがある。先輩の教えたこと、師匠の教えたこと、坊主根性という作りものが邪魔をする。

＊

「なに、そら坊主どもが腹の太しゃタイ」――栄養が足りて食うことに困らぬから、そんな浮いたことを言うておるのだという。人生何をするか。これはドえらい問題である。だが何のために生きるか、生きる意味とは何か。これがうっかりすると、骨身に応えぬことで終わってしまう。

＊

うっかりするとこの身このまま法身仏《ほっしんぶつ》じゃと言うと、たいていが理屈だけの素法身になってしまう。相好《そうごう》もなければ、光明もない。といって修証《しゅしょう》があると言えば、また固まりができる。いいことをすればいいことをしたということが忘れられぬ。

＊

めいめいが仏さんとちっとも違わんというけれど、どこが違わんのか。なあに違いすぎておる。何が違うている？　持ちものが——男が男と思わんわけにもいかんし、女が女と思わんわけにもいかん。それが大体迷いの根源ではないか。

＊

分別を離れる。どうかしてこの分別を捨てさそうというのが、お釈迦さまの願いなのだ。たいがいは分別だけで終わってしまう。覚えただけで終わってしまう。それがしっくり身についていない。

＊

苦しいの楽しいのという明け暮れは、それぞれの人間の思想や思考が、それをさらに激しくしている。思想や思考が、ますますこの生死《しょうじ》をのっぴきならない深みへ深みへと追いやっている。つまり生死の本因とは邪見であり、思想であったのである。仮にそれをセリ上げて生死を離れたと思っても、それが思想である限り「生死を離れたという思い」自身が生死である。

＊

人間は計らいも何も持っておりませんというものを、また持っておる。妄想はしておりませんというものを、また持っておる。いつまでたっても持ちかえる。その隔たりを引き破り、まだもう一つ引き破り、引き破ったと思う心も引き破り――仏法に限りをつけてはならぬ。

＊

仏知見は坐禅にやどる力である。すなわち一切の心で固めたところの業によって現れたその概念を退け、あれも払い、これも払い、一切のものをブチ払うて、この凡夫の心が消滅した処。われわれは理念の力ではなく、坐禅の力によって仏知見を得るのである。

＊

それは内的転換である。思いきって生まれ変わった内省を得て、自我を離れる。離れられんことはない。長い間はできんかもしれんが、刹那刹那に離れる。修行はこの意気である。

＊

工夫というのは世間で言うように「どりゃ、ひと工夫」と言って、頭をひねることではない。坐禅に骨折ることである。これにはもう欲を出さん。内職を持ち込まん。

＊

今首を切られても恨みのないという、一番大事なものを一つつかまなければならぬ。それが一生の大事、つまり参禅学道である。この坐禅あって初めて生き甲斐を感ずる。

＊

「こんな私でも仏性《ぶっしょう》がありますか?」――このなまくら野郎、何をぬかしておるか。仏性の真っ只中にいるのじゃないか。妄想も何もたたき出してしまえば、坐禅の真っ只中になる。仏性があるかないかではない。坐禅している間は身体中が坐禅なのだ。これくらい間違いのない話はない。酒を飲んでいれば身体中、節々から骨々から筋々から細胞の隅々まで全身これへベレケではないか。これぐらい分かった話はない。

＊

仏道三昧の境涯というのは、仏道が毛の穴いっぱい細胞のすみずみ、頭のぎりぎりから足のつま先から内臓いっぱいに、充満することである。

＊

道元禅師のお書きになったものは、どれもこれも坐禅の実験録である。『正法眼蔵《しょうぼうげんぞう》』はそういう生活から読まねばならん。

＊

道元禅師は如浄《にょじょう》禅師にめぐり会えて祇管打坐《しかんたざ》、身心脱落《しんじんだつらく》を確かめることができて、これ一つでよい、よけいなものは一切要らぬということになった。親鸞聖人でも法然上人でも念仏のみ、よけいなものは一切使っておらぬ。あの人たちも天台の学問も真言の学問も、それぞれ大いに勉強したに違いないけれども、ちっともそれらを出しておらぬ。そこが大事な処じゃ。真実を究めようとするのには、一つのことを徹底するより他にはない。

＊

真に体達するだけが人生の眼目でなければならない。だから他のことは、どうにかこうにかやっていさえすればよいわけである。

＊

君は何をするために飯を食っているか？　食いたいから食い、したいからした、それは子供のすることである。何をするためにオレは生きていく、これをするためにオレは食うているという、たった一つのものをはっきりさせねばならん。どれだけ何をしようが、たった一つのためにどんどんやって、やってしまったらお終《しま》いである。そういう静かな何の雑音も入らない最も単純な、たった一つの使命がなければならん。

仏教ほどウソの徹底したものはない

祇管打坐ということは教相や学問を持ち込んで坐るのではないが、その祇管という意味内容が納得できて坐るのでなければならぬ。『正法眼蔵』をやるにも法相《ほっそう》をよく心得ておく必要がある。素人が法相の学を知らずに眼蔵をやるのは、マスもハカリも持たずに米屋をするようなものである。

＊

しかし仏教の学問というものは若い頃、難しいばかりで頭が痛くなったものだ。それは料理の献立が難しいようなものだ。ある料理を科学的に講義すると、塩分ビタミンがいくら、カロリーがいくら、いやこういうふうに煮るとビタミンがこわれるとか何たら難しいことになる。今日の仏教の堕落は、献立ばかりやかましいことを言って食わなくてすましているようなものだ。衲《わし》は毎日正味ばかりでいい。学問の死にガラになってはつまらん。

＊

日本は大工の棟梁が九、十歳くらいの小僧を置いて、ボイ使うておいて十五、六歳になっていよいよカンナを持たすときに、何も教えずにおいて「身構えが悪い。この野郎、何を見ておったか」こう言うて訓練する。禅寺もその通りで、これは学問を教えるものではない、躾《しつ》けることである。

＊

工夫するということは頭で考えることではない。私は顔の勾配ともよく言うが、形というものは面白いものである。私はこの形というものが素晴らしいものだということを信ずる。この合掌ということ、礼拝というようなこと、坐禅というようなこと、こういう形を[2]七仏相伝《しちぶつそうでん》と信ずるのである。工夫するとは、この形にただ骨折ることである。

＊

「形直《なお》ければ影端《ただ》し」最も正しい態度に宿ったものが、最も正しい精神である。そこでわれわれは坐禅を標準として、朝から晩まで自己の態度を洗練し、限りのないわれわれの日常の変化に対し、自己の態度を坐禅に照らして反省してみることが必要なのである。

＊

坊主は坊主の身構え、教師は教師の身構え、心構えに微塵もスキがあってはならん。それで鍛える。行住坐臥《ぎょうじゅうざが》いつも自己を見失わない。

＊

理屈ではいかん。何というても臨済宗の坊さんは、公案にだまされてか何でか知らんけれども、二十年、三十年頑張って、とにかく曲がりなりにも坐っているんじゃ。その生活は娑婆ばなれしている。そしてこの浮世におもねっていない。何とも堂に入って雲水らしい。それに引き比べ曹洞宗の坊さんは、芸者や役者みたいに見えた。学者はというと、やはり肚《はら》ごたえがない。

＊

今の仏教の学者から、歴史学と考古学と語学とをすっくり取ってしまって、ブルブルとふるったら空っぽになってしまう。

＊

本を読んで感心しとったら、薄っぺらに決まっとる。理屈を並べているときは本当のものじゃない。自己さえ創りゃええ、自分のにして読めばええ。理屈らしいことが何にもないのが、人格に徹したというのである。

＊

仏教でソラで言葉を覚えることは危ない話である。言葉で間に合わす。中身の入らんうちにちゃんとそれが学位論文になったり、あるいはお布施になったりしてしまう。

＊

既成宗教というものは、いつの間にかカンヅメのような言葉で、中身のない言葉で、間に合わすようになっている。

＊

学者は字を読むことに没頭してしまって、その意味が自分の生活に届かぬうちに死んでしまう。一生字のわけばかり言って終わってしまう。つまり妄想分別が多いわけである。だから純粋な直観でポッと一直線にスルスルと、坐禅なら坐禅で解決することができぬ。

＊

思想というものがどれだけ立派な思想でも、われわれの考えでできたものはまた考えで壊れる。われわれはそういう言葉や意識のつけ加えるものなしに真っ裸になって、どちらへ引っくり返しても変異のない処にいなければならぬ。

＊

菩提心《ぼだいしん》ということは自未得度先度他《じみとくどせんどた》ということである。バスの座席一つも人にようゆずらぬ者が「おのれいまだわたらざるさきに、一切衆生をわたさんと発願しいとなむ」と言うのは、これ言葉だけ浮いてしもうている。

＊

ある人が「仏教というものはウソの徹底したものではありませんか」と言う。それはそうじゃ、坊主の言うことや仏書に書いてあることはみなウソじゃ。なぜウソか。極楽というものを見たこともない者が極楽の話をしておる。大死一番したことのない者が大活現《だいかつげん》成《じょう》とぬかしやがる。大体宗教家という者はよそごとが多い。『華厳』とか『法華』とか『大般若』とか。しかしこれに行がないなら、みなウソである。

＊

ボタ餅が食いたい。「ボタ餅」と大きな声で言うても、天から降って来ん。実物と概念、言葉と違う。そうすると禅というものは実物商売なんである。覚えたんでなく実物をつかむ。そして自由に表現する。

＊

世界中の人がこの本来の面目に立ち帰ったならば、一切の問題は解決する。今までは全く金や色気や食い気ばかりで、どつき合いをしているのと同じで、これは正気の沙汰ではない。

＊

仏道というのは本当の生きた生活を創造することであり、これを不可説という。これが出家の内容である。だから出家からは、いつも新しい生活の言葉が創造されている。

＊

宗教は学問に始まり芸術に終わる。阿弥陀さんと決めてしまってはならんぞ。

無念無想が自己の今日を発明する

「この秋は雨かあらしか知らぬども　今日のつとめに田草とるなり」

何の文句もなく、ただ稲を育てる。この努力、これが無念無想ということである。われわれは一切何も取り越し苦労する必要はないし、昔の自慢を言う必要もない。

＊

武士は武士の魂を取り失わんことが、すなわち無念無想ということである。典座《てんぞ》はちゃんと飯を炊くことであり、すべきことをすることである。

＊

いかなる処でもいかなる時でも、その時をしっかりつかみ、その処をしっかり踏みしめ、そうして自分が自分に成りきる。それがつまり仏さんである。

＊

われわれは釈迦の真似もしてはならん。自己の今日を発明する。その自己の今日が縦横無尽に生まれてくる。われわれは妄想分別によって去年の真似をするが、今日のことが無念無想である。

＊

（霊雲《れいうん》の悟道について）一番大事なものは何か。妄想煩悩の葉が落ち、迷いの花が散る。そこで追っかける目標がなくなる、つまらないものがなくなる。何の嫌なことも好きなこともなく無念無想になる。そして一番大事なものをと求めていた、その大事なものがどこにもなくなった。何もなくなった。そのときそこで桃の花を見たのである。そこには天地いっぱい桃の花ばかり、この一番大事なものが天地に満ちておる。一番大事なものが宇宙いっぱい。どれだけじたばたしたって、手の舞い足の踏む処一切がことごとくこの大道の真っ只中にある。

＊

親に貰ったものや師から貰ったものではなく、この桃の花を見たときに一大事《いちだいじ》発明した。一大事とは死んでも生きても、生まれもせねば死にもせぬものでなければならない。それがこの咲いている桃の花である。

＊

瞬時といえども休みなく起滅している一念一念一歩一歩は、全くわれわれが考えてやっていることではない。その一念一念一歩一歩、起滅の始終の処には、われわれというものの意思は全くないので大死人である。悟りを求めず迷いを払わず、どうなりたいということはない。どうなりたくないということはない。どうしてはならぬということはない。どうもない。一体どうもないのが本当である。じゃから十二時中大死人のごとくである。

人間は自分が意識して呼吸しているのでもなければ、自分で意識して心臓を動かしているのでもない。ただ動いているのである。人間というものは本当は無念無想で生きているのである。

＊

法は自己にある。ゆえに従来未だかつて惜しまず。天地は惜しんでいない。

＊

われわれは否《いや》でも応でも法華経に転ぜられている。じゃからいろんな姿がある。山あり、川あり、生死《しょうじ》あり、得失あり、いろいろなものがみなことごとく実相である。喜んだり待ったり追いかけたりして、めいめい持ちにするものでない。

＊

われわれの意識は煩悩や業《ごう》によって引き回されておるから、われわれの好きも嫌いも当てにならんので、本当の処は無念無想すなわち非思量である。

＊

悟りの体験とは何か——こっちが何もなしになったからである。無心の眼から見ると、山も川も時間も空間も一切のものがみな、無上甚深微妙の法を説いておるわけである。

＊

悟りというものは、求心すでに尽きた処である。

＊

われわれ人間が仏法を見るとゆがんで見える。無念無想とか非思量ということは、そういうわれわれの色眼鏡をすっかりはずし、人間の考えを微塵もまぜないで坐禅から眺めた一切の世界、それをまた身心脱落という。

＊

無念無想とはこの正念《しょうねん》を相続すること、正念に安住することである。

ただで生まれてきて釣り銭　貰おうと思うとる

坐禅をするのは悟るためでしょう――バカ言え！　坐禅まで日当につけるのか！　他のことはとにかく、坐禅するときはただせい。

＊

「坐禅したら何になりますか」と聞かれたら、「何にもならん」と言う。すると何にもならんならやめておこうと思う。しかし一体何が何ぞになるのか？

＊

正面から功徳というのは功徳でない。仏法の功徳は功徳のない処が功徳である。その何にもならんことをするのに、私も九十幾日、各地の坐禅会に飛び回って、一日も休みなしに時々ブッ倒れかける。これは人間からは初めから終《しま》いまでお門違いなご利益である。

＊

私の処以外の宗教では、どこでもみな功徳がある。私の処だけは功徳はない。実に愉快じゃ。功徳のないことができる者でなければ話せんというのが、私の処の申し分である。功徳のあるヤツは、みなこれを外道《げどう》というのだ。

＊

お寺へ参ろうが、念仏申そうが、坐禅しようが、何にもなりはせん。われわれが一生することはみなこれ無功徳である。人間なんぞになると思うてするくらい卑しいことはない。

＊

ほめようと思うてもほめる処にいないというのは難しい。衲《わし》も昔は見えすいた人の感心することばかりやったものじゃ。今思うとわきの下から汗が出る。衲らぼんやりしておると人を感心させていかん。

＊

人間がほめるというのはロクなものではない。人間の感心する処もない、これがいわば山居である。

＊

出世とは人間の話である。せっかく出家して放ったもの捨てたものを、また拾い歩くとはバカなことじゃ。頭をまるめてお袈裟をかけて、七十三までも生きてきて人間の競争をしておるというのでは……これは仏祖に対して申し訳がないことである。

＊

坊主の出世くらいおかしいものはない。坊主は何も持っておらぬのが一番の出世だ。

＊

坊さんが一切のものを捨てて簡単な暮らしをしておったら、何もそう修行せんでもよい。そう貧乏人にものをやらんでもよい。貧乏人からかえって同情をよせられるような生活をしていたら、修行する以上の功徳がある。ところが自分はどっさり貯《た》めて美味いものを食っておって、貧乏人に焼き餅を焼かすのはよくない。私はお釈迦さんが王位を捨てられたということは、深い深い意味があると思う。

＊

この頭を上げようと思えばこそ金も欲しい、大臣にもなりたい。ところが宗教においては、この頭を下げるということ、合掌低頭することが本当に生きるということである。

＊

私らみたいに一生居候で暮らしておると、何がどうということはない。どうせみなよそのもんじゃからなあ。よそのものだから粗末にしては相済まん。大切に戦々恐々として居候しておる。

＊

何も予定概念を持たんから、どこで何を食わそうとまた何をさせようと、向こうがせよという通り何でもする。何もどうということはない。

＊

いろいろ人間は作りものをして、そうしてむしり合いして喧嘩して大騒動をやっておる。私みたいな安気な人間だったら、食えぬものを食おうとは思わぬ。できぬことをしようとは思わぬ。運が悪いと言うて泣いたこともなし、運がいいと言って調子づいたこともなし、どうともないで一生を送ってきた。

＊

地下何百メートルの炭坑の底までエレベーターで降りたことがある。間違いなく下がっているのに、そのスピードが緩やかになるとふっと上がっているような錯覚をおこす。これがこの世で得をしたと思う錯覚と同じものじゃ。——お前さんも欲たらしいなあ。ただでこの世に生まれてきていながら、釣り銭、貰おうと思うとる！

＊

ただやって、ただ貰う。雨は天からただで降る。ただで日が照る。太陽は燭光代を取りに来やせん。一体、死ぬときは総決算ただなのじゃから、何も大したことはない。当たり前でよい。

＊

犬死にしたらいいではないか。私ははっきりしている。一生涯働いて犬死にしようと思っている。坐禅、坐禅で一生を棒にふった男……。

＊

みな何ぞ人間の足しまえにしようと思うから間違う。

＊

一切合切、何にもならないことに驚きを起こす。唖子《あし》（口のきけない人）が苦瓜《にがうり》を喫すように、ドキンと応えればよい。オッとこれはみな間違うておったと。

弓矢から核爆弾へ　堕落が進歩しておる

悟りに始めなく、修行に終わりなし。何も日傭賃《ひやといちん》につけるのではない。悟りというものは元からある。修行というものはその悟りが充実する。悟りの他に修行はない、修行の他に悟りはない。

＊

坐禅をすれば立ち居振る舞いことごとく光明となり、上求菩提《じょうぐぼだい》となり下化衆生《げけしゅじょう》となる。

＊

仏道修行は凡夫が仏になることであるけれども、それではまだ半分しかない。仏道にはいつも我れと一切衆生とが一緒でなければならん。自分とすべてのものと離れては何でもないことである。

＊

仏道の極意はただする。邪見はどんなふうに顔を出すのかというと、仏道というものを人間の餌にしようと思うからである。

＊

腹の底の底をよう見ると、「人のため」とこう言うているようで、いつの間にやら自分のためをうまく飾って言うていることがある。

＊

昔も今も宗教家くらい嫉妬の多い者はない。それは信者の帰依によって成り立つものであるからである。つまり宗教家にはどれという持ち合わせはない。ただ人から信じて帰依してもらうのが身上であるから、どうしても人の信望をどこまでもつなぎ止めておかなければならぬ。

＊

私に「もうちっと組織的にやったらどうですか」と言う者がある。仏道に組織は要らぬ。組織的にやって組織ができあがれば、中身が壊れるに決まっている。現在の教団がそれをやっているじゃないか。

＊

人間の作りものにだまされることが非常に多い。しかし人間の作ったものは、人間によってまた壊される。

＊

世の中はどうして欲を満たそうか、その欲の満たし方の方法がどの雑誌にも書いてある。

それじゃから昔のものより今のものの方が、煩悩の念が入っておる。世界のニュースはその日にちゃんと映像まで出る。あまりに早すぎる。それほど煩悩のしわざが念が入っておる。その念が入っておるのを文明とか進歩とかいうておるけれども、どっちに向いて進歩しておるか。仏教からいうとかえって堕落を早めておる。堕落が進歩しておる。のたうっておるんじゃね。今の世界はどっち向いてもみな、のたうっておる。

＊

弓矢の時代から火縄銃となり、それが単発から五連発となり、さらに機関銃となり、ついに水素爆弾まで来てしまった。だがわれわれから見れば人格の向上には関係ない。幼くてきわけのない餓鬼が凶器を振り回すようで、危なくてしようがない。

＊

われわれの文化の程度が問題なのである。その要求がダンスでも物足らん、映画でも物足らんということになり、結局文化しきって来たれば正身端坐《しょうしんたんざ》して――無始よりこのかたウロウロして来たが、ああこの要求であったかと大いに飽《あ》くことを知るのである。

＊

人類始まって以来、これ何のために大騒動をやっておるか。これは蹴合《けあ》い鶏《どり》が蹴り合うておるのとあまり違わんのじゃ。軍鶏《シャモ》が闘うておるのと何も違わん。この仏法は一切の法を遠離《おんり》す。人間の考えはみな間違いである。

＊

仏法だけが真実だ。これは手前味噌ではない。真実を仏法というのだ。

＊

智慧の光というのは、衲の言葉でいえばノボセが下がることである。

＊

宗教的知識の水準、仏教理論の水準が高まったら、桃の花からも竹の響きからも、一切のものから説法を聞くということでなければならぬ。人間最後に要求する宗教こそ、この渓声山色であらねばならないと思う。

＊

哲学者や宗教家の最後のねらいは、この無情の説法を聞くという処にあるのではなかろうか。宇宙いっぱいが一切経であり、宇宙いっぱいが仏である。

悪魔に奪われておる自己を奪い返す

人間最後の帰着点、もうどうにもしようのないもの、それを教えるものが仏教である。

＊

ものごとは最大、最上、最善の絶頂まで行って、人生を見下ろすだけの力——無心というものにあやかった世界から見下ろさなければ分かるものではない。

＊

これは山これは我れと、区別をつけて言うから分からない。これはわれわれが生まれてものを覚えてから後に、あれが山これが川と言うのである。生まれる前に何があったか、死んで後に何があるか。仏道というのは生まれる前の道であり、死んで後の道である。とすれば元から二つはない。尽天尽地《じんてんじんち》継ぎ目なし、宇宙いっぱいの自己ばかり。あるいは宇宙いっぱい山河大地ばかり。二つのものを一つに引っつけるものではない。元々一つよりないんじゃ。これを無念無想という。

＊

無念無想とはどういうことかというと、無量無辺ということがうまく入る境涯です。

＊

修行は必ず全宇宙を修行するのである。全自己の修行であるからには、聖人になることを目的とするのではなく、凡夫および一切のものを捨てるというのでもない。取ったり捨てたりがあったんでは、尽十方界の自己の修行にはならぬ。捨てることも取ることもない修行をするということは、この自己の光明に直接することである。つまり祇管《しかん》に打坐《たざ》することで、われわれは尽十方界自己の光明に直接お目にかかれるというものである。

＊

この生《しょう》あり滅ある者が、去来のない抜き差しのならない生活をここに見出して、これこそと突きとめた処をギュウギュウとやるのが、すなわち仏道修行ということである。ここで初めて明るい見通しがついて、その場限りでない永遠の自己になるのである。

＊

「小車《おぐるま》のめぐりめぐりて今ここに　立てたる卒塔婆《そとば》これは俺《おれ》がのじゃ」（手車翁《てぐるまおう》）どの技もどの動作も、この瞬間ぎりに空風火水地（五輪卒塔婆）の宇宙いっぱい。全生命、永遠の生命に力を打ちこんでやるのが、これが人生という。

＊

修行というものは萱《かや》を抜くようなもので、いい加減にムスーッとやると手を怪我してしまう。ウンと気張って根元をつかんでピッとやったら、根引きするのもわけはない。人間は一生懸命になればなるほど、気高く上品に見えるものである。

＊

ぐずぐず言うな。現在ぎり、今ぎり、この瞬間ぎり。ここに精一杯力を入れるより他に何の途もない。

＊

ところが人間はけったいなもので、力を出し惜しみすることがえらい好きである。われわれのように器量も悪い、金もない、物覚えも悪い、親もなしという者は、正味を出すよりしようがない。私はその意味において有難い。何が幸福といっても、全部正味を出せる境遇にいるくらい有難いものはない。

＊

仏道は最も単純な一行三昧《いちぎょうざんまい》でなければならん。泣き泣き本を読んで本のなかから探し出したり、そんな面倒くさいものでないことは決まっておる。

＊

お釈迦さまの坐禅の内容を敷衍《ふえん》したものが『法華経《ほけきょう》』八巻であり、『大般若経《だいはんにゃぎょう》』六百巻であり、『涅槃経《ねはんぎょう》』である。一切経は坐禅の脚注であり、坐禅は一切経の具現である。

＊

長い間売ったり買うたり、焼き餅《もち》焼いたり、すべったり転んだり、ばたばたやって来たが、ここへ坐ったらこれでお終《しま》い。ああ長い間うろついたが最後にここまで来た。ああよかった。安心《あんじん》ということはそういうことである。

＊

衲《わし》の一生の念願は、とにかく頭を剃ってお袈裟をかけて坐禅することで、それでお終い——というのも道元禅師ではこれ以上のことがなかったからである。そうして、こうすることができるようになることが、一生参学の大事《だいじ》が究竟《くきょう》するということである。これが人間の無上の幸福であり、誰でも「ああ人間に生まれてよかった、仏法に会《お》うてよかった」と思うに違いない。

＊

成道とは悪魔から奪われておる自己を奪い返すことである。

1　**天・竜・夜叉《やしゃ》・阿修羅《あしゅら》**——仏法を守護する神々といわれる。諸天界に住み超人的な力をもつ鬼神（天）、海や川に住む巨蛇の鬼神（竜）、悪人を食らうが善人は守護する勇健暴悪な鬼神（夜叉）、大海底に住み神々と闘争してやまぬ鬼神（阿修羅）。

2
七仏相伝《しちぶつそうでん》―釈尊以前に現れた毘婆尸仏《びばしぶつ》・尸棄《しき》仏・毘舎浮《びしゃふ》仏・拘留孫《くるそん》仏・拘那含牟尼《くなごんむに》仏・迦《か》葉《しょう》仏そして釈迦牟尼仏へ、次々に伝えられていること。

澤木興道老師の生涯とその心
——あとがきにかえて

櫛谷　宗則

澤木老師の言葉は、みな禅から湧きあがった風のようです。それは懊悩《おうのう》するわれわれの涼風であり、心にしみるそよ風であり、時にナマクラなわれわれに鉄槌《てっつい》を下す暴風雨となり、宇宙いっぱいの青嵐《せいらん》ともなって吹きわたるでしょう。それに従来の自分を吹き飛ばされ、ふと目を上げれば、もはや風は跡形もなくただ坐禅からの静かな光が満ちているだけです。

澤木興道老師は、明治十三年三重県津市新東町に、多田惣太郎の六番目の子として生まれました（姉二人兄一人以外は早逝）。幼名を才吉といい、幼い頃からとても腕白だったようです。五歳（以下年齢はすべて数え年）で母しげ、八歳のときに父が急逝。それで叔母の元にやられたのでしたが、その連れ合いである叔父が半年後に亡くなり、結

あとがきにかえて

局知り合いの提灯屋《ちょうちんや》——とは名ばかりで、博奕《ばくち》打ちを渡世としていた一身田《いしんでん》町の澤木文吉さんの養子にもらわれていきます。

実にその界隈は遊廓の裏町であり、詐欺師《さぎし》、香具師《やし》、博徒《ばくと》、巾着切り《きんちゃくき》等、およそ世の中の吹きだまりのような環境で、老師はそこで改めて九歳から一身田小学校に編入し、賭博の見張り番をさせられたり、寄席《よせ》の下足番をしたり、十三歳で学校を卒業（当時は四年制）してからは本業である提灯屋に精を出して、およそ働くことのない養父母を養って働きます。あるとき近所の遊廓の二階で、孫のような若い遊女を買った五十男が急死するという事件がありました。これを目の当たりに見て、初めて老師は骨の髄まで無常を感じたといいます。道を求める心が芽生えていました。

しかしそんな環境のなか、隣で細々と表具屋を営む森田宗七さんの一家は、教養もあり不思議なほど清らかな生活をしていて、老師はよく遊びに行っては長男の岩吉（千秋）さんから『十八史略』や『日本外史』から始めて『大学』『中庸』『文選《もんぜん》』等を教えてもらいました。世の中には肩書やお金や享楽よりもっと真実なものがある。この一家の生き方が、老師の道を求める心の核になっていったようです。

やがてその求道の志と現実との矛盾は、もうどうしようもないほどに煮詰まり、十六歳のときに大阪の友達のもとへ家出、しかしすぐ連れ戻されてしまいました。それで翌年とうとう永平寺へ向かって家出します。所持品は小田原提灯、なま米二升、金二十七銭だけで四日四晩、なま米と買ったそら豆を噛み噛み福井県永平寺まで歩き続けたのでした。永平寺ではすんなり坊主にしてくれるはずもなく「帰れ」と断わられますが、二昼夜飲まず食わずで頼みこみ、作事部屋《さくじべや》の男衆として置いてもらうことが許されました。そのときの嬉しさといったらなかったそうです。

お盆になって維那《いのう》和尚の自坊である福井県竜雲寺へ男衆の一人として手伝いに行ったときのことです。寺の行持がみなすみ「もう何もせんでええからゆっくり休め」と言われ、一人奥の座敷へ入って坐禅していました。するといつも人をこき使っているお婆さんが、お椀や食器を仕舞おうとその襖《ふすま》をあけてアッと驚き、坐禅している老師を仏さまより丁寧に拝んだといいます。これによって坐禅の高貴を知らされ、坐禅こそ自分の一生涯をかけてすべきものであると決定《けつじょう》したのでした。

そして事実生涯を貫き通す、この坐禅に対する信の純真さ——坐禅に対するこの深い信仰から老師のすべてが調《ととの》い、生み出されていったように思います。

やがて縁が巡って天草宗心寺《そうしんじ》住職、沢田興法和尚について念願の得度を受け「興道」の法名を頂いたのは十八歳、成道会《じょうどうえ》の日でした。その後二十歳になって雲水として兵庫県圓通寺に安居《あんご》。そこから出向いた戒会《かいえ》で西有穆山《にしありぼくさん》禅師の高弟、笛岡凌雲《ふえおかりょううん》方丈と出会い見込まれ、老師もその清らかな人柄に魅せられて方丈の自坊、京都府宝泉寺ついで掛川市法泉寺で二十一歳の終わり兵隊にとられるまで随身しました。短期間とはいえ、ここで『学道用心集』『永平清規《えいへいしんぎ》』『坐禅用心記不能語《ふのうご》』の講義を一対一で受け、祇管打坐への信仰の根本的基盤が深く育まれたのでした。

明治三十三年十二月に入営、三年後満期除隊となった途端に日露戦争が勃発してすぐ召集。一時瀕死の重傷を負って戦線を離れますがまた戻り、結局三十九年（二十七歳）一月に内地へ凱旋《がいせん》、除隊。

その年、仏教を勉強したい一心だった老師は一身田町の真宗高田派専門学校に入学。翌々年には大和法隆寺勧学院に移り、貫首佐伯《さえき》定胤《じょういん》僧正について唯識《ゆいしき》教学を中心にただただ勉強のなかに明け暮れる日々を送ります。そんなとき如法衣《にょほうえ》を搭《か》けていた慈雲尊者《じうんそんじゃ》ゆかりの尼僧と出会い、それがお袈裟を研究するきっかけとなります。

大正元年（三十三歳）十二月、ほぼ仏教教学の概要を学びおえた老師は、勧学院を出て松阪市養泉寺で単頭《たんとう》の役につき、その後は宗乗の参究のため西有門下随一の丘宗潭《おかそうたん》老師の会《え》に参じるようになりました。そして大正三年（三十五歳）から足かけ三年、斑鳩《いかるが》町成福寺《じょうふくじ》に一人こもって坐禅に全身心をもって打ち込まれます。

大正五年（三十七歳）丘宗潭老師に引っ張りだされ、熊本市大慈寺僧堂の講師として赴任。そこでは志を同じくする道友を得て大いにその禅風を振るいました。またヤンチャな自然児、第五高等学校の学生との交流が始まり、自身の既成宗教の型を引っぱがされ、生きた言葉で語るという新たな転機にもなりました。

丘老師遷化後の大正十一年（四十三歳）大慈寺を出て借家に大徹堂《だいてつどう》と名づけ住しますが、半年ほどで熊本市万日山《まんにちやま》に移ります。武道家が出入りするようになったのもこの頃です。そして以後昭和十年（五十六歳）までの十三年間、万日山に独居しつつ全国各地の坐禅会を乞われるまま巡るようになり、祇管打坐の実際を世に広めていかれました。

昭和十年四月には駒澤大学教授に就任。十二月大本山総持寺後堂《ごどう》に任ぜられ、さらに老師の身命を顧みない大車輪のごとき活躍が始まります。それは大学や本山に止まらず、それまでの参禅会は継続し更なる要望にも精一杯応えて全国各地を巡り、問いかけ、道を説き、共に坐り、時をこえた祇管打坐の新たないのちをわれわれに吹き込まれたのです。

いつも全力で生きねばならない場に自らを置き、日々新たに生きねばならない今に自ら立たれ、老師の生き方はつねに全身心を尽くしておられました。接心では誰よりも早く坐り夜遅くまで、時に伽藍《がらん》全体がゆれるほどの雷を落とし、老師の威力がピーンとすみずみまで恐いくらいに張り詰めていたといいます。

昭和十五年（六十一歳）栃木県大中寺《だいちゅうじ》に天暁禅苑《てんぎょうぜんえん》を開単、その後も止まることなく各地に参禅道場を開き、また昭和二十一年（六十七歳）には静岡県大洞院《だいとういん》専門僧堂堂長、京都市妙説庵尼僧堂堂長に就任。しかもとうとう一生自分のお寺を持つことも、妻をめとることも、組織を作ることもなく、移動叢林《そうりん》と称してお弟子と共に一所不住、まるでその一生が一夢の坐禅であるかのように生き方そのものをもって、何にもならない無所得の坐禅を徹底されました。そして禅といえば臨済宗の悟るために坐る公案禅のみが盛んだった当時の仏教界に、坐禅をただ純粋に祇管打坐として生き生きと甦らせたのです。

昭和三十八年（八十四歳）向こうをむいて行くばかりだった歩みも、もう足が弱られてこれ以上の巡錫《じゅんしゃく》は無理と断念。以後安泰寺《あんたいじ》で参禅会を続けながら静養につとめられます。「よい天気が続くな。木戸銭いらずに、こんな気持ちのいい日が続くとは」「有難いやら、勿体《もったい》ないやら。——衲《わし》みたいに幸せなものがあろうかい」——ご自分の役目を精一杯果たされた後のやわらかな祈りの一時が訪れていました。昭和四十年十二月二十一日、一山の人々に見守られるなか八十六歳で遷化《せんげ》。

澤木老師は風貌いかにも古来の禅僧らしく、その気迫や度胸、自らを省みない俠気《おとこぎ》や心遣いで、会う人たちに強い印象を与えられたようです。老師に出会う人はみな、その視線もお心もただ自分一人だけに注がれていると感じたはずです。内山興正老師は人を引きつけるその人間的魅力を「澤木老師は多面的な巨人」とよくおっしゃっておられました。老師のなかにはとんでもない凡夫《ぼんぷ》が蠢《うごめ》いておられたのではないでしょうか。それなればこそ、あんなにも厳しくまた爽やかに生きられたのではないでしょうか。その凡夫から見たら、われわれのようなケチ臭い凡夫の心など、初めからお見通しなのです。そのご自分のなかのどうしようもない凡夫を老師は慈しんでおられました。懊悩する才吉に手を伸ばすように、われわれにこうして道を説いて下さったのでした。

それは同時に、澤木興道自身のなかから真実を引っぱりだすことでした。いつも求道する真っ只中にある老師の言葉は固定していません。動いているいのちです、深まっていく大地です。われわれもその言葉を全身心、その生き方をもって受け取らねばなりません。自らを耕し、自らの真実の言葉を生みださなければならないでしょう。

あるいは読んでいくうちに同じようなことをくどくどと繰り返していて、飽きてしまうという方がいらっしゃるかも知れません。でもこの書はいわば現代のお経なのです。仏教経典が同じようなことをずらずら繰り返し、山川草木《さんせんそうもく》が永遠に変わらぬことを日々新たに説いているお経であるように、われわれは一句一句初めて見る自己のように出会わなければならないでしょう。何度も似たような真実語に触れているだけで、知らないうちに何か呼び覚まされてくるものがあるでしょう。

老師の言葉は坐禅から立ち現れてきたいのちの言葉、表現です。坐禅の暖皮肉《だんぴにく》です。老師はその真実の言葉を説いてきたばかりでなく、その真実から一生を坐せられ禅せられてきたのでした。老師の言葉には妄想を坐断する切っ先があります。坐禅へいざなう力量があります。どんなときでも老師には坐禅がありました。それは生きる力であり、誓願であり、老師の生きる意味そのものだったのです。


『禅に聞け』（昭和六十一年発行）は、内山老師が実際に師の澤木老師に聞法するなかで書きとめた言葉をまとめたものであり、本書は私が折々に心に響いて抜き書きしていた言葉がたまり、それが照らし合い、呼び合い、こんな風にまとまったものです。より言葉が生きる場合にのみわずかに補足し、離れた言葉を一つにし、現代にふさわしくない言い方は改めました。勿論これで老師の言葉が尽くされているわけではありませんが、ここに収められている一つ一つの言葉には老師のすべてが籠められています。

老師はご自分では一切著述なさいませんでした。今回このような形でその言葉をまとめることができましたのも、その提唱をまとめて下さった出版社の方々をはじめ本師内山興正老師、酒井得元老師、田中米喜《よねき》氏等多くの方のお力があればこそです。また今回も大法輪閣編集部、小山弘利氏に大変お世話になりました。有難うございました。

本書が自己の生き方を考えるきっかけ、ひいては自らが坐るささやかな励みにして頂けましたら、それは老師の何よりの喜びであり、そこに老師がいまも赫々《かっかく》として生きていらっしゃるのだと思います。

平成十五年夏の終わりに

〔参照したもの〕

『澤木興道全集』第一巻〜第十八巻・別巻一　教育新潮社
『澤木興道・禅の境涯』
『澤木興道・禅を語る』
『澤木興道・禅の道』
『澤木興道　この古心の人』上・下　田中忠雄
『大法輪』第64巻第12号　以上、大法輪閣
『他はこれ吾にあらず』　教育新潮社
『我立つ杣』横山祖道　紀尾井書房
『澤木興道聞き書き』酒井得元　講談社
『澤木興道』田中米喜　名著普及会
『返照』　妙元寺返照会

櫛谷　宗則（くしや・しゅうそく）

昭和25年、新潟県五泉市の生まれ。子供の頃、講演に来られた澤木老師にまみえたが覚えていない。19歳のとき、内山興正老師について出家得度し、安泰寺道場に10年間安居。老師の隠居地に近い宇治田原町の空家（耕雲庵）に入り、縁ある人と共に坐りながら老師のもとに通う。老師遷化の後、故郷へ帰り、地元や大阪などで坐禅会を続けている。

編著に『禅に聞け』『澤木興道老師のことば』「内山興正老師いのちの問答』（以上、大法輪閣）、『コトリと息がきれたら嬉しいな』（探求社）、『共に育つ』（耕雲庵）等。

【新装版】
澤木興道
生きる力としてのZen

2003年11月10日　初版第1刷発行©
2018年12月8日　新装版第1刷

編　者　櫛　谷　宗　則
発行人　石　原　大　道
印刷所　三協美術印刷株式会社
製　本　東京美術紙工協業組合
発行所　有限会社　大　法　輪　閣
東京都渋谷区東2－5－36　大泉ビル2F
TEL　（03）5466-1401（代表）
振替　00130-8-19番

ISBN978-4-8046-1411-3　C0015　Printed in Japan